15 MINUTOS PARA DEJAR DE PROCRASTINAR

SAM BENNETT

15 minutos para dejar de pro-cras-tinar

Un método efectivo para afrontar las tareas y llevarlas a cabo

Traducción de María Gabriela Raidé

Urano
Argentina – Chile – Colombia – España
Estados Unidos – México – Perú – Uruguay

Título original: *The 15-minute method*
Editor original: New World Library, California, USA
Traducción: María Gabriela Raidé

1.ª edición: enero 2025

Plaza de los Reyes Magos, 8, piso 1.º C y D – 28007 Madrid
www.edicionesurano.com

ISBN: 978-84-18714-73-3
E-ISBN: 978-84-10365-99-5
Depósito legal: M-23.984-2024

Fotocomposición: Urano World Spain, S.A.U.

Impreso por: Rotativas de Estella – Polígono Industrial San Miguel
Parcelas E7-E8 – 31132 Villatuerta (Navarra)

Impreso en España – *Printed in Spain*

Índice

Introducción. ¿Qué es el método de los 15 minutos?

Esta es una gran pregunta. Y es posible que no puedas esperar más para saber la respuesta. Verás, el método de los 15 minutos es, como su propio nombre indica, una rutina para implementar a tu vida durante 15 minutos al día y está especialmente diseñado para ser ultrapersonalizado, flexible, amigable y fluido.

Esta es la idea básica: dedica 15 minutos al día, todos los días, a hacer algo que te importe. Sé que te pasas casi todo el día haciendo cosas para otras personas, entonces, ¿por qué te resulta tan extravagante tomarte un cuarto de hora para ti?

Te propongo, para empezar, esta premisa que tiene en sí misma algo de interés: ¿qué es lo que de verdad te importa? De eso, ¿qué cosas podrían importarles a los demás? ¿Y cuáles solo te importan a ti? Cuando comencé a prestar total atención durante 15 minutos a las cosas que me importaban, toda mi vida se puso patas arriba. Pude comenzar y desarrollar un negocio propio tasado en quinientos mil dólares, escribir varios libros y un musical de éxito y, quizás más importante aún, obtener las habilidades que necesitaba para enfrentar los desafíos que me esperaban. Llegaremos a esa parte dentro de poco. Pero por ahora: ¿qué te importa a ti?

Si no estás seguro, sigue leyendo y encontrarás muchas oportunidades e ideas para descubrirlo. Mis clientes y estudiantes han utilizado sus 15 minutos para trabajar en un amplio abanico de proyectos, que van desde ordenar el patio trasero para convertirlo en un espacio bonito y en condiciones, en lugar de un vertedero, hasta terminar un edredón para bebé justo para cuando el chico se gradúa en el instituto. Para más detalles, puedes leer el Capítulo 2: «52 actividades de 15 minutos sugeridas».

Los detalles dependen de ti. 15 minutos para dejar de procrastinar busca trabajar con tu vida real, con el objetivo de ayudarte a vivirla de una manera más plena. Es posible que pienses que, para cambiar tu vida, necesitas hacer algo grande: mudarte a una nueva ciudad, divorciarte, encontrar un nuevo trabajo, reinventarte por completo. Todo esto resulta tan estresante que luego terminas por no hacer nada. Lo que he hallado es que los pequeños cambios (el tipo de cosas que puedes hacer en 15 minutos) son suficientes para mover la aguja de tus niveles de felicidad y satisfacción. Y cuando tu felicidad y tu satisfacción aumenten, quizás descubras que no necesitas grandes cambios, y, si lo haces, que tienes un momento para que estos sucedan con mayor facilidad.

Si eres el tipo de persona que prefiere un sistema estricto, lógico y por etapas, debes de saber que este método no es exactamente así. Se parece más a un bufé: coges lo que te gusta, pruebas algo nuevo e ignoras aquello que no te interesa.

Y si llevas dentro a un adolescente rebelde, una parte que dice «no puedes obligarme» y en ocasiones dirige la función: ¡felicidades! Por fin has encontrado un sistema de desarrollo personal que te invita a diseñar tu propio camino, salirte de las convenciones del sentido común y hacer tus cosas.

- Siéntete libre de tomarte tus 15 minutos en el momento que quieras. No necesitas un horario fijo.
- Siéntete libre de experimentar distintas actividades durante tus 15 minutos, dependiendo de tu humor, tu energía y las circunstancias en las que te encuentres.

- Siéntete libre de tomarte un descanso, si te hace sentir bien.
- Lee (o solo hojea) este libro en cualquier orden.
- Recuerda que no puedes cagarla, ni tampoco sacar un sobresaliente. Este es un experimento, así que el proceso y los resultados son solo tuyos.

Por otra parte, si eres el tipo de persona que prefiere un plan mejor definido, déjame sugerirte lo siguiente:

- Tómate tus 15 minutos por la mañana, a primera hora, antes de revisar tu correo electrónico. Yo me tomo los míos (escribo una oración o practico meditación) antes de levantarme de la cama.
- Elige un proyecto o actividad y mantenlo al menos durante una semana, luego puedes cambiarlo.
- También puedes hacer una lista variada de tareas de 15 minutos y escoger una por día, al azar o según tu humor.
- Quizás disfrutes haciendo un ejercicio de este libro un día a la semana (se llaman «Experimentos de 15 minutos», encontrarás uno en cada capítulo) y luego dedicándole los otros seis a tu propio trabajo.
- Recuerda que no puedes fallar, ni tampoco sacar un sobresaliente. Este es un experimento, así que el proceso y los resultados son solo tuyos.

En cualquier caso, no tengas miedo de:

- Hacer un mal trabajo. En conjunto, 15 minutos de un trabajo de mala calidad pueden producir grandes resultados a largo plazo.
- No hacer nada. 15 minutos de tranquilidad sin hacer nada, o incluso de aburrimiento, templan el carácter.

- Sentirte desalentado o desencantado. Tómate tus 15 minutos de todos modos, y luego evalúa cómo te sientes.
- Hablarlo con otros. Compartir metas y procesos con aliados de confianza te dará energía adicional y sentido de la responsabilidad.
- No hablarlo con otros. En especial, con aquellos que destruyen los sueños ajenos como pasatiempo.
- Poner una alarma (o no).
- Descubrir que, a veces, los 15 minutos se vuelven 30, o varias horas. Qué agradable entrar en un estado donde todo fluye.

La idea de que puedes cambiar tu vida en solo 15 minutos diarios sería ridícula de no ser porque es cierta. Sin duda, si tocas la guitarra durante 15 minutos todos los días durante uno o dos meses, te convertirás en un mejor guitarrista. Hazlo durante unos años, y te volverás un maestro.

La regla de las 100 horas, popularizada por el psicólogo Andres Ericsson,[1] dice que 100 horas de «práctica deliberada» te hará mejor que el 95 por ciento de la población mundial dentro de tu disciplina. En potencia, trabajando durante 15 minutos por día podrías convertirte en alguien de primera categoría en lo que sea que quieras hacer, en apenas 400 días (poco más de un año).

Incluso si no quisieras ser el mejor, es reconfortante saber que podrías mejorar de forma significativa en una cantidad de tiempo tan breve.

---

1. Ericsson, K. A., Krampe, R. T., y Tesch-Römer, C. (1993), «The role of deliberate practice in the acquisition of expert performance», *Psychological Review 100*, nro. 3, julio, pp. 363-406, <https://doi.org/10.1037/0033-295X.100.3.363>.

Lo que sé con certeza es que cuando haces cosas, las cosas suceden.

Cuando realizas una acción, hay un efecto en cadena.

Cuando realizas una acción diaria, se duplica el efecto en cadena.

El punto es que no hay motivo para retrasar tus metas.

Cuando llegues al final de tus días, te sentirás muy contento de haberte tomado el tiempo para progresar a diario en algo que de verdad te importaba, en vez de haber pasado tus días solo intentando hacer felices a otros (lo cual, de todas formas, nunca funciona).

Una última cosa: la práctica «sorprendente y sencilla» de pasar 15 minutos en algo que te importe puede tener un gran impacto en tu mentalidad, tus relaciones y tus ingresos. Y aunque la mayoría de estos giros serán bien recibidos, puede que algunos te dirijan a un trabajo interior mucho más profundo, lo cual no siempre resulta fácil. Recuerda que eres el agente del cambio. Puedes decidir profundizar en un trabajo más complejo en el sentido emocional o saltarte lo que te parezca pesado, según lo que sea mejor para ti en el momento. Eres libre de escoger y elegir lo que te funcione, y modificar o ignorar el resto.

Acompáñame en https://therealsambennett.com/15-minute-method-bonus/ y veamos cómo se desarrolla, ¿vale? Podemos compartir aquello en lo que estamos trabajando, obtener apoyo y alentarnos unos a otros. Allí también colgaré recursos adicionales, audios y ejercicios. Divertido, ¿verdad? Guay. Allí nos vemos.

Eres tan bueno y valiente. Gracias por intentarlo.

Por cierto, hoy estás realmente guapo.

1. Apertura

Para empezar, piensa en algo que de verdad te gustaría hacer.

Sin darle demasiadas vueltas, solo piensa en algo (cualquier cosa) que podría marcar una gran diferencia en tu vida, pero que, por el motivo que sea, no estás haciendo.

Quizás sepas que tu vida sería mejor si tuvieses tus finanzas bajo control, o si te decidieras a conseguir un trabajo mejor. Quizás te gustaría ordenar tu casa. O tal vez, hacer algo como tocar un instrumento, crear arte o escribir un libro.

Sea cual fuere tu proyecto, este libro te sugiere que pases 15 minutos al día, todos los días, concentrándote y trabajando en ello (o ellos, si decides ir de un proyecto a otro).

Si sientes que puedes hacerlo con facilidad por tu cuenta (y sin rendirte tras unas pocas sesiones), entonces siéntete libre de dejar el libro e irte. O de leerlo por diversión y recoger algunos trucos interesantes.

Sin embargo, si eres como la mayoría de las personas con las que hablo, la simple idea de pasar 15 minutos al día en algo que te importa genera un montón de objeciones:

- 15 minutos no es tiempo suficiente.
- Ya estoy demasiado ocupado.
- No sé por dónde empezar.
- No necesito otro proyecto.
- En realidad, no estoy cualificado.
- Me preocupa que mi vida cambie si lo logro.

Entonces yo podría preguntarte: ¿qué pasaría si ocurriera lo opuesto?

- ¿Qué pasaría si 15 minutos fueran la cantidad de tiempo justa?
- ¿Qué pasaría si (a pesar de tu apretada agenda) te dieras cuenta de que te sobra el tiempo para hacer algo que de verdad te importa?
- ¿Qué pasaría si ya sabes lo suficiente como para, al menos, empezar?
- ¿Y si lo que más necesitas fuera un proyecto que te importa?
- ¿Qué sucedería si bastara con tu curiosidad?
- ¿Qué pasaría si lograr algo te cambia la vida de una manera más placentera?

Este libro nació porque mi editor me pidió que escribiese sobre el agobio. Dado que he pasado más de veinte años trabajando con otros en su productividad, su procrastinación y su creatividad, esa es una palabra que oigo con frecuencia, y cada vez más a menudo.

Acepté, dado que el agobio es uno de esos conceptos engañosos: parecería que se trata de un problema externo, cuando en verdad es interno. Si no estás agobiado por tu agenda o tus tareas, te agobia pensar en ellas.

Se parece al «manejo del tiempo», que es otra frase engañosa y utilizada con frecuencia. El manejo del tiempo, por supuesto, tampoco se trata del tiempo.

Por lo tanto, la mayor parte de este libro trata sobre los patrones de pensamiento, la base emocional y la incertidumbre espiritual que crean agobio, y cómo liberarse de estos. Y, en el camino, también habrá una gran cantidad de ideas prácticas y consejos.

Pero el meollo de la cuestión es: pasa 15 minutos al día, todos los días, haciendo algo que te importe *a ti.*

Por favor, apunta: estos 15 minutos no son para ponerte al día con tu correo electrónico, ni con tus papeles, ni con cualquier otra actividad regular, del día a día. Este tiempo es para expandirte. Es para hacer algo divertido. Es para reconectar contigo mismo, con tu propia singularidad: la parte de ti que no es padre o madre, jefe o empleado, ni tampoco amigo. Pregúntate: ¿qué podría hacer si tuviera la libertad perfecta, no necesitara el dinero y supiera que nadie se sentiría ofendido?

No me interesa si tu proyecto de 15 minutos le importa a alguien más. No me interesa ni siquiera si otro lo conoce. Lo que me interesa es la idea de que primero llenes tu copa. Cuando pasas 15 minutos al día en algo que te importa, tu espíritu revive. Se te nota un brillo en los ojos y vigor al andar. Vuelve tu sentido del humor. Te sientes más calmado y paciente. Puedes advertir tu propio progreso a medida que el efecto de los 15 minutos crece cada día, y sientes mayor confianza. Te vuelves más alegre.

Por el contrario, esto es lo que puede pasar cuando te niegas a encontrar 15 minutos diarios para hacer algo que te importa: te sientes dentro de una rueda de hámster. Permanentemente exhausto. Vaciado. Desalentado. Todo parece más difícil. Te esfuerzas a diario para tratar de hacer todas las cosas, pero aun así te sientes tan desprovisto que te quedas hasta tarde, leyendo malas noticias de forma compulsiva, despierto como una forma de venganza para recuperar algo de tiempo, incluso cuando sabes que solo te hará sentir más cansado al día siguiente.

Estás matando de hambre a tu creatividad. Y todos sabemos lo que sucede cuando esperas hasta estar muerto de hambre. No es bonito.

Hablaremos sobre por qué no existe algo como una «buena» idea. Veremos algunos patrones ocultos que te mantienen reprimido, y aboliremos tu perfeccionismo.

Existe cierta programación cultural que también obstaculiza tu trabajo interno, y hallarás que algunas de estas ideas te resultarán algo impactantes. #SeñalDeHacerAspavientos

He incluido la mayor cantidad de consejos prácticos que pude sobre salir de debajo de las pilas de cosas, los correos electrónicos y las tonterías de los demás, así como algunas estrategias para que de verdad puedas conseguir lo que quieres.

De eso se trata en realidad este libro: conseguir más de lo que quieres, para que puedas ser un miembro feliz y próspero que contribuye con la comunidad global para la que ha nacido.

Todo eso en solo 15 minutos al día.

El experimento de 15 minutos

Redacta una lista breve de cosas que te gustaría hacer, pero que no estás haciendo en la actualidad. Asegúrate de que se trata de cosas que te importan (podrían ser importantes para otras personas o no). Pueden ser grandes, como «renovar la cocina», o pequeñas, como «practicar caligrafía». Pueden ser prácticas, como «ordenar mi armario», o fantasiosas, como «cantar ópera en Italia». Diviértete y no te censures. No te estás comprometiendo con nada en este momento: solo estás redactando una lista de cosas que te gustaría hacer. Si ya sabes de qué podría tratarse tu proyecto, quizás prefieras hacer una lista de pasos de 15 minutos en su lugar.

Qué pasaría si...

¿Qué pasaría si supieras con absoluta certeza que leer este libro (o incluso una parte de él) terminará convirtiéndose en un punto de inflexión en tu vida? ¿Cómo puedes honrarte el día de hoy, al comienzo de esta transición? Hasta estaría bien que te des una palmadita en el hombro.

2. Cincuenta y dos actividades de 15 minutos para hacer

La siguiente es una lista de actividades gratuitas o de muy bajo coste, que exigen poco o ningún equipo o entrenamiento, y que, de hacerlas todos los días durante 15 minutos (o hasta completarlas) te garantizan un cambio de vida.

También podrías escoger una de estas actividades para hacer todos los días (sin ningún orden en particular), lo que probablemente también te cambiará la vida.

¿Cuál escogerías?

- Salir a caminar. En 15 minutos, es posible que llegues a caminar entre 800 y 1600 metros, de modo que, en un año, habrás cubierto entre 290 y 585 kilómetros.
- Leer un libro. La mayoría puede leer entre nueve y doce páginas en 15 minutos, así que podrías leer una novela de trescientas cincuenta páginas en un mes.
- Aprender a que te guste el entrenamiento de fuerza. Los estudios demuestran que 15 minutos por día de pesas, de entrenamiento en intervalos de alta intensidad (HIIT, por sus siglas en inglés) o incluso de calistenia (donde utilizas tu propio peso corporal para realizar un ejercicio, de modo que no necesitas ningún equipo especial) pueden contribuir a mejorar tu salud.

- Estirar. Mi amigo instructor de Pilates dice: «Cuando dejas de estirar, mueres». Es un poco fuerte, pero no es del todo mentira (sobre cuerpo, mente o espíritu), ¿no crees?
- Preparar tus comidas. Una sesión de 15 minutos de picar alimentos te deja todo listo para ensaladas o refrigerios rápidos para los almuerzos de varios días.
- Llamar a antiguos colegas para volver a ponerte en contacto y hacer redes.
- Organizar o limpiar entre cinco y diez prendas del armario, algún cajón de porquerías o cualquier otro sitio donde se acumulen cosas.
- Cuidar las plantas del hogar. Riega, fertiliza, trasplanta, poda, rocía, desempolva, acaricia o susurra cosas dulces.
- Ordenar archivos viejos.
- Retirar las pertenencias de algún ser querido que haya fallecido. Tomarte 15 minutos cada vez reduce el agobio y deja mucho lugar para las emociones.
- Dibujar/bocetar/pintar/colorear/garabatear/hacer mandalas. El límite de tiempo es de gran ayuda para combatir la autocrítica.
- Bordar. Finalmente, avanza de manera constante en ese proyecto de bordado, costura o tejido. Ahorra remendando cosas viejas y queridas. Hacerlo visible es todavía más divertido y artístico.
- Hacer tallado.
- Investigar tu genealogía.
- Hacer un retrato a diario.
- Tocar un instrumento. Trabajar por ráfagas cortas te permite desarrollar fuerza en las manos y controlar la respiración. La práctica constante te conducirá a una mejora notable.

- Escuchar música.
- Entrenar tu voz. Haz calentamiento vocal, trabalenguas o control de la respiración. Es muy útil, incluso si no eres orador o cantante.
- Leer poemas en voz alta por puro disfrute. Hermoso.
- Leer a Shakespeare (también es mejor en voz alta).
- Llamar a tu mejor amigo sin que haya un motivo en especial.
- Escribirle a un amigo que has perdido hace mucho. Mantener relaciones puede volverse más difícil a medida que envejecemos, pero contar con un círculo de viejos amigos con quien compartir recuerdos es una bendición sin precio.
- Conectar con una persona joven.
- Conectar con una persona mayor.
- Acariciar, jugar o comunicarte de otro modo con los animales que te rodean. Limpia su comedero, péinalos, juega a algo que los enriquezca, dales atención y amor.
- Seguir una rutina de cuidado facial. Puedes currártelo con una rutina de lociones y pociones o disfrutar de un masaje facial (*gua sha*, ¿te suena?) durante 15 minutos para mejorar tu circulación y tu vitalidad general.[2]
- Automasaje/acupresión/reiki/masaje de pies/liberación miofascial.
- Bailar.

---

2. Me hace sentir mal el precio de algunos productos para el cuidado de la piel y no tengo ni idea de si funcionan, porque siempre he comprado cosas de belleza en la sección de «bueno, bonito y barato». Creo que esto es interesante: sé mucho más sobre varios sérums, lociones y limpiadores que jamás compraré, que sobre, por ejemplo, estrategias de inversión. Esto se debe, en parte, a la insistencia de los medios de comunicación en que mi apariencia importa más que mi visión financiera, pero también, porque simplemente no he hecho el esfuerzo de aprender a invertir. ¿Quizás sea mi nuevo proyecto de 15 minutos? Mmm…

- Prepararte para el día siguiente: elige tu ropa; recoge notas, libros, números de teléfono o cualquier otro material que vayas a necesitar; revisa mapas y rutas (lo que sea para evitar correr a último minuto).
- Dedicar 15 minutos más a tu apariencia. La mayoría solo usa un 20 por ciento de su guardarropa durante el 80 por ciento del tiempo. Esto significa que es probable que tengas varias prendas bonitas que podrían combinarse para armar un conjunto con estilo. O quizás quieras cambiarte de peinado o de rutina de maquillaje, si es que tienes.
- Meditar. Reza, medita mientras caminas, canta, respira, escucha meditaciones guiadas en una aplicación… no existe una forma mala de comulgar con lo divino. Como nos recuerda Rumi: «Que la belleza que amamos sea lo que hacemos. Existen cientos de modos de arrodillarse y besar el suelo».[3]
- Estudiar astronomía, geología, biología marina, anatomía: cualquier cosa que aumente tu comprensión sobre cómo funciona el mundo natural.
- Poner atención al dinero. Quizás puedas comenzar asignando una cantidad fija a ahorros, inversiones, un plan de pensiones, donaciones, etc. Revisa los informes de gastos, las pérdidas y ganancias, las suscripciones, el resumen de tus tarjetas de crédito y los débitos automáticos, para asegurarte de que no pagas por cosas que no estás utilizando. Revisa tus planes financieros a largo plazo.
- Un orgasmo diario.
- Salir y disfrutar del cielo, el viento, las nubes.
- Hacer jardinería.

---

3. Rumi, Jelaluddin (2022), *Rumi esencial*, Ediciones Koan, España.

- Descubrir más cosas sobre negocios, márquetin e inversiones es una gran manera de aprender sobre el comportamiento humano.
- Hacer algo con las manos. Las investigaciones demuestran que las actividades creativas que se hacen con las manos pueden mejorar tu humor,[4] ayudar a aliviar la depresión y ayudar a que tu cerebro sobrelleve mejor las emociones. No importa el nivel de habilidad; lo que importa es hacerlo.
- Actualizar el perfil de LinkedIn u otro perfil profesional.
- Sacar fotografías u organizar las que ya tienes.
- Concentrarte en los truquitos necesarios para mejorar en algo que quieras: si es golf, practica tu *putt*; si amas el fútbol, trabaja en hacer una volea por primera vez. Practica los tiempos verbales de un idioma que estés aprendiendo. Ensaya las partes complicadas de tu discurso, guion o canción hasta que los interiorices totalmente. Dominar los detalles más delicados te llevará a ser más eficiente.
- Actualizar tu CV o presentación.
- Pedir (o dar) un testimonio o referencia.
- Publicar en redes sociales. Tómate 5 minutos para revisar tu inicio, otros 5 para subir una pregunta reflexiva o compartir un trabajo reciente, y 5 más para comentar las entradas de los otros.
- Estudiar una religión o filosofía que no te resulte familiar.
- Aprender un idioma.
- Ver una charla TED.

---

4. University College London News (2019), «Creative activities help the brain to cope with emotions», 8 de mayo, < https://www.ucl.ac.uk/news/2019/may/creative-activities-help-brain-cope-emotions>.

- Estudiar defensa personal: mental, verbal, física, espiritual…
- Escribir una carta de amor.
- Escribir una nota de agradecimiento.
- Hacer una lista de momentos encantadores, valiosos o inesperados que hayas vivido ese día. La sonrisa del amable chófer del autobús, el primer mordisco de la tostada con mantequilla, el cumplido que diste o recibiste por sorpresa.
- Escribir un libro. Si no le das muchas vueltas, es probable que puedas escribir unas doscientas cincuenta palabras en 15 minutos, de modo que, en seis meses, tendrás cuarenta y cinco mil palabras, es decir, un libro.

El experimento de 15 minutos

Escoge algo de la lista de arriba. Y hazlo.

Qué pasaría si…

¿Qué pasaría si recordaras que la chispa en tu mirada después de terminar tus 15 minutos te vuelve irresistiblemente atractivo el resto del día?

3. Tu zona de genio creativo

Suelo utilizar la palabra «creativo», y sé que podría resultar desagradable para algunas personas. De alguna manera, el mundo ha mezclado las palabras «creativo» y «artístico». Pero no son sinónimos.

«Creativo» se refiere al talento para resolver problemas de forma innovadora.

«Artístico» se refiere al talento en las artes.

No todos somos artísticos; pero todos somos creativos.

Todos creamos, todo el tiempo. Creamos platos sin lácteos y planes para las vacaciones y fiestas en días señalados. Creamos historias sobre las personas que vemos en la calle. Creamos hogares, prendas de ganchillo, amistades para toda la vida, tradiciones familiares y bromas internas. Lo que creamos construye nuestro mundo.

Tal vez pienses que, como no haces arte visual, ni escribes ni actúas, no eres creativo. Quizás piensas que las personas creativas son un poco raras (a lo que respondo: cariño, todos somos raros. Acepta tu rareza).

Cada quien es creativo y, todavía más, cada quien tiene una zona de genialidad creativa.[5]

Si dudas sobre cuál es tu zona de genialidad creativa, responde rápido a estas preguntas sin pensarlo demasiado:

---

5. Un homenaje a Gay Hendricks y su innovador trabajo con las zonas de genialidad, tanto en *The big leap* como en *The genius zone*. Ambas son grandes lecturas.

1. ¿Qué es lo que más me gusta hacer, a pesar de todo?
2. ¿En qué he sido bueno desde siempre, por naturaleza?
3. ¿Qué es lo que los demás elogian de mí, pero que para mí no es gran cosa?
4. Si alguien me despertara a las tres de la madrugada y me dijera: «Oye, vamos a hacer "x", "y" o "z" ahora mismo», ¿qué es lo que haría que me levantase en un instante y fuese a buscar mis zapatos?
5. ¿En qué gasto bastante dinero y tiempo y, para mi familia y amigos, es un poco loco?

Si todavía no estás seguro, piensa en esto: en cada oficina en la que he estado, hay «alguien que lleva los cumpleaños». Esa persona se encarga de hacer el seguimiento de los cumpleaños de todos, y se asegura de que haya una tarjeta y una tarta en la sala del personal. Y cuando les preguntas si les importa el trabajo extra, dicen: «¡Para nada! Me gusta hacerlo. Es divertido».

La persona que lleva los cumpleaños tiene un don natural para celebrar, y la capacidad de hacer que los demás se sientan especiales. Esa es su zona de genialidad creativa. Y si esta persona quisiera comenzar un emprendimiento, podría ser una buena idea aprovechar este don para avivar la fiesta y meterse en el negocio de los eventos. O quizás le iría bien en recursos humanos, creando políticas y prácticas que ayuden a que los empleados se sientan valorados, escuchados y estimados.

También podrías pensar en tu zona de genialidad creativa del siguiente modo: si alguna vez has resuelto un problema de un modo distinto a los demás, felicitaciones: eres un genio creativo. La manera en que lo hiciste es la clave para tu zona de genialidad creativa.

La mayoría tiene unas pocas zonas de genialidad creativa. Las personas con un alto grado de creatividad tienen múltiples zonas. Son buenas por naturaleza en un montón de cosas. Puede que conozcas a alguien así: es bastante fácil detectar a los artísticos, pero, a menudo, las personas altamente creativas que no están relacionadas con el arte se esconden a simple vista.

Podrías ser especialmente bueno para comunicarte con los animales. Podrías tener un don para elogiar a otros y hacerlos sentir valorados. Tu creatividad podría expresarse en un don para los sistemas, los números, la lógica o el escepticismo.

Es posible que no puedas advertir tus zonas de genialidad creativa, porque se dan de forma natural. Podrías hacer una lista actualizada de los pasatiempos que te han gustado, los documentales que te fascinan, las fijaciones curiosas y los elogios que recibes y que te hacen pensar: «Pero todos son así, ¿no es cierto?» (no, no lo son), y ver si puedes encontrar algunos puntos en común.

Además, podrías preguntarles a algunos amigos de confianza las cosas en las que eres bueno según su criterio.

Descubrir tu única o múltiples zonas de genialidad creativa puede ser un paso útil para determinar cómo quieres pasar tus 15 minutos diarios.

El experimento de 15 minutos

Haz una lista de todos los pasatiempos, talentos e intereses que tienes, o has tenido, a lo largo de tu vida. ¿Puedes encontrar un hilo conductor? ¿Te dan ganas de volver a hacer alguna de esas actividades?

Qué pasaría si...

¿Qué pasaría si has estado subestimando seriamente, tanto a ti como a tu capacidad, todo este tiempo?

4. Joe Polish y yo

Una vez escuché una presentación de Joe Polish, maestro del márquetin y experto en recuperación de adicciones, en la que enumeraba una serie de actividades que, de hacerlas diariamente durante un mes, tenían un cien por cien de garantía a la hora de cambiarte la vida.

Recuerdo que una era levantarse y hacer veinticinco *burpees* por la mañana. Por si no sabes, un *burpee* es un ejercicio de origen militar donde se trabaja todo el cuerpo, ya que consiste en empezar de rodillas y manos, luego llevar las piernas hacia atrás para hacer una flexión de brazos, después saltar hacia adelante hasta quedar en una sentadilla, y luego dar un salto con las manos en el aire. Si no puedes saltar o flexionar las rodillas, puedes tratar de hacerlo paso a paso, como yo, y parecer un panda borracho. Sin embargo, es muy efectivo para mejorar la condición física general y fortalecer el cuerpo. Además, no hay duda de que hacer veinticinco al día mejora el bienestar físico y mental, ya que es un ejercicio bastante difícil, por lo que es casi inevitable que te haga sentir mejor.

También sugería recibir un masaje todos los días. Casi doy un grito. ¿Acaso eso es legal? Pero cuando recuerdo en las buenas ideas que tengo sobre la camilla de masajes, pienso que tiene sentido invertir ahí. Imagina qué gran trabajo podría hacer un fisioterapeuta talentoso si yo fuera todos los días, en lugar de hacerlo cada diez meses, cuando ya estoy tan estresada que si arrojaras una moneda sobre mi espalda, rebotaría. Incluso dos veces por semana durante un mes podría suponer un cambio radical. Todavía evalúo esta opción.

La otra sugerencia que recuerdo es lo bello y mágico de enviar una nota de agradecimiento al día. Ahora bien, es algo que de lo que puedo dar fe. Vengo de una familia en la que todos escribimos notas de agradecimiento con papel especial. Siempre digo que, comunicarse al menos con una persona cada día, sobre todo para agradecerle, puede transformar por completo un negocio y la vida.

Luego, Joe Polish añadió que, si alguien de la audiencia le enviaba una nota de agradecimiento, mandaría un regalo a cambio. Dijo: «Puedo dar mi correo electrónico privado, porque son muy pocos los que lo harán alguna vez».

Al parecer, tenía razón. Ni siquiera yo, reina de las notas de agradecimiento con papel especial, le escribí. Tampoco empecé a hacer más *burpees* ni a recibir más masajes.

¿Por qué? ¿Qué nos impide dar los pasos que en verdad podrían marcar la diferencia?

¿Y si le escribía a Joe Polish, nos convertíamos en amigos por correspondencia y luego en mejores amigos? En ese caso, quizás ahora estaría dispuesto a apoyarme con este libro.

Por supuesto, no ocurrió, pero aun así es una pregunta que merece la pena hacerse.

El experimento de 15 minutos

Piensa en estas preguntas:

- ¿Has ignorado o rechazado una invitación abierta?
- ¿Por qué?
- ¿Cómo podrías manejar la situación la próxima vez?

Qué pasaría si...

¿Qué pasaría si el éxito radicara tanto en sentirte más incómodo de lo que te gustaría (un *burpee*) como mucho más cómodo de lo que estás acostumbrado (los masajes)?

5. Estate preparado

Hace unos años, estaba sentada en mi escritorio, sin haberme duchado y con ropa de deporte sucia, cuando vi en línea la rápida notificación de que Donna Karan estaría firmando ejemplares de su autobiografía, *Mi vida, mi pasión*, en una librería de Montecito, a solo unos kilómetros de donde vivía.

Ahora bien, Donna Karan es una de mis heroínas creativas de todos los tiempos. Amo todo sobre su historia: desde la valentía de meterse como diseñadora principal para tomar las riendas de la línea Anne Klein cuando falleció su mentora, la señora Klein, hasta su línea de Siete Piezas Básicas «esenciales».[6] Para mí, Donna Karan entiende lo que en verdad quiero y necesito respecto a mi ropa.

Además, Donna Karan es una de las pocas marcas que diseñan para mujeres altas, así que, desde la secundaria, cada vez que tenía una ocasión especial y necesitaba algo elegante, siempre acababa en la sección de Donna Karan de la tienda. Sus prendas me acompañaron durante algunos de los eventos más importantes y memorables de mi vida (y, como persona tímida e introvertida a la que no le gusta nada emperifollarse, también estresantes).

---

6. Hasta me encanta su línea actual Urban Zen, aunque llegue hasta la talla 14, lo cual, teniendo una 18, me resulta muy molesto. Pero la perdono, porque la amo.

Bien, entonces esto es lo que pasa: una de mis heroínas va a estar casi a la vuelta de la esquina en unas pocas horas, y yo, muy lejos de estar lista. Pero escribí un libro llamado *Get it done* [Hazlo], y paso todo el día, todos los días, diciéndole a la gente que haga lo que teme. Además, tengo la práctica de toda una vida de audiciones de último minuto.[7] Me metí en la ducha, me puse un buen conjunto y salté al coche.

Cuando llegué a la librería, había un montón de flamencos dando vueltas.

Bueno, no eran flamencos reales.

Más bien, se trataba de una horda de exmodelos luciendo ropa cara. Por supuesto. ¿A quién conocen los diseñadores de moda? A modelos. ¿Qué les pasa a los modelos cuando dejan de modelar? Recogen el dinero ganado con el sudor de su frente (que no quepan dudas, modelar es un trabajo duro), se casan con alguien exitoso y se mudan a Montecito.

Los flamencos y yo nos quedamos obedientes en la fila. Y la ropa que había tenido limpia y lista hacía apenas media hora, y de la cual me sentía tan orgullosa, ahora parecía triste frente a los vaqueros ajustados y los zapatos que, lo sabía, costaban más que mi renta; además de que estaban envueltos en jerséis de seis capas de cachemir («ay, ¿esta cosa vieja?»), tan suaves y lujosos. A mi alrededor había murmullos sobre este o aquel evento benéfico, y lo agradable que había sido Gstaad durante las vacaciones. La canción «One of these things is not

---

7. Este parece ser un buen momento para mencionar que pasé la mayor parte de mi vida trabajando como actriz. Hice mi primera obra de teatro en el jardín de infancia. Fui a campamentos de teatro. Participé en todas las obras de la escuela y, al final, terminé trabajando en el legendario Second City de Chicago, un teatro de comedia de improvisación y *sketches*. Hice una carrera bastante buena en Los Ángeles, donde participé en programas como *The Drew Carey Show*, *Days of Our Lives* y *Modern Family*. Así que sí, tengo mucha experiencia en arreglarme en el último minuto para conducir a través de la ciudad y fingir ser otra persona.

like the others» comenzó a sonar en mi cabeza. Me sentí muy torpe. Pero me quedé.

Mientras la fila avanzaba, saqué de mi cartera un gran sobre de cartón de un color naranja muy guay. Tenía la forma de un sobre de FedEx y en el exterior llevaba impreso mi lema: «Por cierto, hoy estás realmente guapo». Dentro del sobre, había metido dos copias de mi libro, *Get it done*, cuya portada también es naranja, así que todo quedaba muy corporativo y parecía muy cuidado.

Cuando llegué al final de la fila, donde estaba sentada Karan, me agaché frente a la mesa para estar a su altura. Mientras ella empezaba a firmar mi libro, le dije: «Hola, me puso tan feliz conseguir un ejemplar de tu libro que te he traído uno del mío». Me miró, levantando las cejas: «¿Me has traído tu libro? ¿Has escrito un libro?».

«Sí», le respondí, dándole el sobre. «En realidad, hay dos ejemplares, uno para que guardes y otro para regalar».

«Oh», dijo, un poco perpleja. «Eres muy amable». Le pasó el sobre de libros a su asistente. «Bonito sobre».

«Gracias. Solo quería darte las gracias», contesté. Mi voz comenzó a temblar y las lágrimas empezaron a caer. «Tu trabajo ha significado mucho para mí... y... solo... gracias».

«De nada», me dijo.

Me alejé para no retrasar la fila, y para poder lloriquear en un lugar menos visible.

Volví a casa, aún sollozando, y, en la entrada, al fin leí la dedicatoria:

Para Sam, tan dulce.
Espero que disfrutes de Mi vida, mi pasión.
Buena suerte con tu libro.
Por siempre, Donna.

Más llanto.

Para dejarlo claro, ese es el fin del relato. Donna y yo no nos hicimos amigas por correspondencia ni tampoco mejores amigas. Pero esta es una excelente historia para compartir con mis clientes. Cuando se la conté, les dije: «Entonces, ¿cuántos de vosotros podríais estar listos en media hora para ir a conocer a vuestro héroe? ¿Tenéis un *look* que poneros, un corte de pelo moderno, y una rutina de maquillaje que os siente bien? De ser necesario, ¿vuestro material de márquetin está a la altura?».

No digo que todo tenga que estar perfecto todo el tiempo, pero, como dicen, vístete para el trabajo que quieres tener. Prepárate para el futuro que deseas. Sin duda, no hacerlo te dará un futuro que no deseas, ¿verdad?

El experimento de 15 minutos

Lleva mi historia a tus propias circunstancias:

- Si de pronto apareciera el trabajo de tus sueños, ¿estarías listo para ser el primero en la fila de entrevistas?
- Si tuvieras la oportunidad de vender tu casa con un gran margen de ganancia, ¿estarías listo para mudarte con rapidez?
- Si estás buscando el amor, ¿están tu hogar y tu corazón abiertos y disponibles?

Qué pasaría si...

¿Qué pasaría si abordaras tus 15 minutos de hoy con el mismo entusiasmo que tendrías en el corazón al encontrarte con un héroe personal o un amante clandestino?

6. ¿Esa es una buena idea?

Deberías saber que no hay tal cosa como una «buena» idea. Entonces... deberías dejar de esperar tener una.

Las ideas son solo eso.

Y las tienes todo el tiempo. No puedes evitarlo. Eres una fuente inagotable de ideas.

Así que no es cierto aquello de que «no se me ocurre nada». Has pensado en cosas, pero las has rechazado. Has tenido ideas; simplemente no te gustaron o no pensaste que a los demás les gustarían.

Por favor, recuerda que la idea con la que comienzas no es definitiva: es solo un punto de partida. La primera parada del autobús no es el destino final.

Si sientes que tu idea podría beneficiarse de una mirada atenta, hazte algunas o todas estas preguntas, y observa qué ideas surgen:

¿Esta es una «buena» idea?

1. ¿Alguna vez he hecho algo similar?
2. De ser así, ¿cómo me fue? ¿Qué aprendí?
3. Para llevar a la práctica esta idea, ¿con qué tareas de 15 minutos podría comenzar?
4. ¿Cómo me siento acerca de dar esos pasos?
5. ¿Cuán especulativo es este proyecto? En una escala del 1 al 5, ¿cómo de probable es que pueda llevarlo a cabo?

6. ¿Cuánto dependerá el éxito de este proyecto del apoyo, la aceptación, la aprobación o la cooperación de otras personas? ¿Qué parte del éxito está dentro de mi control?
7. ¿Creo que seguir con esta idea merecerá la pena solo por la experiencia?
8. ¿Tengo ansias de convertirme en la persona que debo ser para lograr este proyecto?
9. ¿Qué visualizo de bueno/mejor/óptimo para el éxito del proyecto?
10. ¿Hay otras consideraciones o condiciones dominantes a tener en cuenta? Por ejemplo, si quieres comenzar un emprendimiento pero acabas de tener un bebé, es posible que necesites hacer algunos movimientos especiales, contratar ayuda adicional o idear un plan de negocios inusual y más ameno, que incluya al nuevo miembro de tu familia.

El experimento de 15 minutos

Mientras piensas en avanzar con tu idea, dedica 15 minutos a dar vueltas o a garabatear sobre este pensamiento: ¿qué me diré a mí mismo cuando me sienta cansado, agobiado o quiera rendirme?

Qué pasaría si...

¿Qué pasaría si resulta que el éxito es tan fácil que te avergüenza?

7. Sáltate el primer paso y otras estrategias inusuales

Aquí hay algunos abordajes poco convencionales para comenzar un proyecto o lograr una meta. Son muy útiles sobre todo cuando has estado posponiendo algo durante mucho tiempo, cuando tienes que volver a empezar, o cuando la tarea contiene un gran componente emocional.

Lleva un diario de productividad y descanso

Comprender de forma básica cuánto descanso necesitas (y a qué hora del día) para lograr que tu máxima productividad sea sostenible puede ser revelador. Al igual que registrar lo que comes y bebes en un diario de comidas, llevar un diario de productividad y descanso está diseñado para concentrar tu atención en cuánto descansas en realidad, si te resulta reparador y cuánto necesitas para funcionar de la mejor manera.

Puedes configurarlo de una forma que tenga sentido para ti: utiliza algún tipo de aplicación de seguimiento o simplemente lápiz y papel. Trata de tomar algunas notas durante el día sobre cuánto tiempo de descanso y reparación te concedes, así como en qué momento y de qué modo eres más productivo. Quizás descubras que te encanta escribir o crear por las mañanas, y puedas dejar las tardes para tareas más administrativas. Quizás descubras que una siesta por la tarde te permite trabajar de manera más eficiente el resto del día, o que un paseo diario de 15 minutos elimina el bajón de energía de las tres de la tarde.

También podrías descubrir que las actividades que crees que son «un descanso», como jugar un juego en el teléfono, navegar por las redes sociales o leer las noticias, en realidad te agotan.

Con el tiempo, comenzarás a tener una mayor confianza sobre las maneras de equilibrar descanso y trabajo, e incluso llegarás a descubrir que hacer algo significativo durante 15 minutos diarios cuenta como trabajo y descanso.

Sáltate el primer paso

A menudo, cuando nos enfrentamos a un proyecto nuevo e importante, nos atascamos decidiendo si el primer paso tiene que ser algo monumental (demasiado grande, extremo o tedioso).

Por ejemplo, quieres escribir una novela, y decides que el primer paso es volver a la universidad y sacarte una carrera de artes (demasiado grande). O quieres pasar más tiempo en la naturaleza, y decides que el primer paso es vender tu piso y mudarte a una cabaña en el bosque (demasiado extremo). O te gustaría hacer un álbum de fotos para el octogésimo cumpleaños de tu madre, y decides que el primer paso es organizar las cajas y cajas de fotos poniéndolas en orden cronológico (demasiado tedioso).

Para contrarrestarlo, en su lugar piensa en comenzar por el que crees que es el segundo paso. Tal vez sea «escribir un resumen de la trama» o «hacer senderismo en el bosque» o «seleccionar diez de tus fotos favoritas».

Esta también es una buena táctica para aquellos cuyos adolescentes internos de inmediato se resisten a todos los objetivos, sugerencias o planes. Simplemente entra por la puerta lateral y comienza con un plan a medio cocinar. Podría ser divertido.

Atrapa las ideas a medida que surgen

Comienza a tomar notas sobre tu idea o proyecto en fichas o utilizando una aplicación de notas. Me parece que las hojas de papel enteras pueden resultar intimidantes (¿y si no uso toda la hoja? ¿No sería un desperdicio?), y en el diario nunca puedo encontrar nada de lo que escribo. Pero la capacidad de atrapar pequeños fragmentos de ideas, citas, cosas para indagar y nociones vagas y mantenerlos juntos sin un orden particular... es la forma en la que se escribió este libro. También es el modo en que dirijo mi negocio, compré una casa, escribí un musical y me mantuve en contacto con una gran red de personas increíbles.

Haz como si ya fueras experto

¿Quieres empezar a pintar? ¡Hazlo! Supón que ya sabes más de lo que crees. Haz como si hubieras nacido con un don y comienza a pintar con mucha confianza y alegría. Aprenderás en el camino. Lo mismo con la poesía, la escritura, la música, o con crear un programa de televisión, diseñar un juego de mesa, coser o cualquier otra cosa que sientas que está al otro lado de algún portal impenetrable de conocimientos especializados.

Para ser sincera, muchos de mis éxitos se dieron porque no sabía que supuestamente lo que quería era difícil. Así que solo lo intenté, ignoré el lugar común, rompí algunas reglas estúpidas y seguí mis propios instintos y buen gusto. He chocado algunas veces, pero en su mayoría todo ha funcionado muy bien, y hace que mi vida sea mucho más interesante que si hubiera esperado hasta convertirme en experta.

Por supuesto, es más fácil probar esto cuando las consecuencias de fracasar son menores. No me lanzaría al mercado inmobiliario sin investigar un poco, ni empezaría a preparar pez globo crudo solo por diversión. Sin embargo, es probable que, para muchas de las cosas que quieres intentar, puedas sumergirte y ver qué pasa.

Todo esto de «prepararte para estar preparado» solo es un obstáculo en el camino, ¿no crees?

Prémiate con frecuencia

Escribir una oración = comer una galleta con chispas de chocolate.

Limpiar el cajón de los calcetines = ver vídeos de gatitos.

Hacer una llamada difícil = disfrutar de una taza de ese café o té caro, o lo que quieras.

No pretenderías que un niño hiciera algo difícil sin una felicitación o recompensa, ¿verdad? ¿Le pedirías a un empleado que abarcara un proyecto desafiante sin ningún tipo de compensación? Así que, comienza a darte premios especiales, grandes y pequeños.

También insisto en comprarme algo especial cada vez que logro un hito importante. En ocasiones, es algo que probablemente iba a comprar de todas maneras, pero nombrarlo en mi mente como «precioso collar de oro por contrato de publicación firmado» o «cartera de diseño por el estreno de mi musical» es mucho más divertido.[8]

8. Conseguí la cartera en una tienda de segunda mano, lo cual la vuelve aún más especial.

Comienza por el final

¿Cuál es el resultado final que esperas del proyecto? ¿Puedes comenzar por ahí?

Y si no, ¿puedes hacer psicología inversa a partir de ahí?

Deja de apresurarte (también conocido como «descansa primero»)

En lugar de pensar: «Tengo tanto que hacer. Terminaré todo y luego descansaré» (lo cual, por supuesto, no funciona nunca porque en realidad nunca terminas), ¿por qué no intentas descansar primero? Tómate 15 minutos para comer algo, leer un rato, echarte una siesta corta o dar un breve paseo, cualquier cosa que te revitalice.

Y para quienes están pensando: «Ni loco, si me siento a leer, me echo una siesta o descanso, no volveré a levantarme», quiero recordaros que estas son las palabras de alguien sediento de descanso. Una vez que empieces a descansar cuerpo y mente con la frecuencia que en realidad necesitas, no te sentirás tan inseguro. Tampoco caerás en la trampa de ver una maratón repetida de alguna serie u otras estrategias de trasnoche que te mantienen despierto cuando estás exhausto, sencillamente porque sientes que te falta diversión o tiempo personal.

Esta es una idea que me fascina: ¿qué pasaría si, antes de iniciar algo complicado, abordaras el asunto como con un perro callejero del que quisieras hacerte amigo? ¿Qué pasaría si, en lugar de sumergirte de lleno a limpiar el garaje, te sentaras y solo lo observaras? Tal vez, tomar una taza de algo caliente y sentarte en silencio. Observa si el proyecto puede comunicarse y decirte lo que necesita.

Esto de «descansar primero» no es igual que las actividades de desplazamiento, aquellas que realizamos cuando debemos hacer algo que nos estresa tanto que dirigimos nuestra atención hacia otra cosa sin sentido, como un videojuego o lo que sea que nos haga perder el tiempo. No se trata de aplazar una tarea sin pensarlo, sino de tomar la decisión consciente de descansar para tener energía antes de comenzar y empezar la tarea poco a poco, como si estuvieras comprando en un mercado rural antiguo y pausado, donde sería grosero comprar sin cotillear un momento, echar un vistazo y tomar una taza de café antes de irte.

Vivo con COVID-19 prolongado desde hace dieciocho meses, así que la posibilidad de no hacer nada ha adquirido un significado completamente nuevo. Todo lo que hago me agota (a veces, ducharme es todo lo que puedo hacer en un día) y no soy capaz de recuperar mi energía con nada. Dar un paseo o hacer ejercicio solía ayudarme a recargar batería, pero ahora me sumerge en una siesta de dos o tres días de la que no me despierto renovada (si tienes curiosidad, se llama «malestar postesfuerzo», y es una mierda).

Así que hoy en día vivo de esta forma:

1. Pienso en algo que debe hacerse.
2. Pongo atención: ¿estoy cansada? ¿Tengo sed? ¿He comido hace poco? ¿Cómo está mi respiración?
3. Contemplo la tarea por un momento: ¿debo hacerla realmente? ¿Debo hacerla hoy? ¿Debo hacerla yo, o puedo delegarla en otra persona?
4. Miro la hora y establezco un posible punto final, digamos: «Son las dos y media de la tarde, así que trabajaré hasta las cuatro».
5. Luego, dejo de trabajar a la hora establecida, esté cansada o no.

Está muy lejos de la adicción al «hacer, hacer, hacer» que tenía antes.

Si existe un aprendizaje espiritual de esta enfermedad, quizás sea separar mi valor personal de lo que hago. Mi productividad ya no determina la imagen que tengo de mí misma. He descubierto que puedo dirigir una compañía entera en pequeñas porciones de 15 minutos. De hecho, escribí todo este libro de esa manera.

Cuando trabajaba a tiempo completo como actriz, siempre dedicaba un momento para mí antes de entrar al escenario. Tocaba la pared, inhalaba y recitaba un breve poema. Esa pausa intencional de menos de un minuto me hacía bien, me permitía concentrarme, enfocarme y enviarme la señal de que era hora de estar totalmente presente.

No necesitas descansar mucho tiempo, pero debe ser intencional.

El experimento de 15 minutos

Piensa cuáles de las sugerencias anteriores estarías dispuesto a probar y cuáles te parecen tontas. Luego, prueba una o, si no te importa el tiempo, intenta escribir un breve plan de acción sobre cómo podrías incorporarla en tu vida o proyecto. Te recomendaría que primero intentes las más tontas. Hazlo y luego escríbeme (Sam@TheRealSamBennett.com) para contarme cómo te va, ¿te parece?

Qué pasaría si...

¿Qué pasaría si hoy te hicieras en secreto un pequeño regalo? (¡Shhhh, no se lo digas a nadie…!).

8. El verdadero significado de tus excusas

Llevas algún un tiempo poniéndote las mismas excusas, así que creo que es hora de compartir contigo algunas variantes alternativas.

No tienen ningún orden particular, y algunas se repiten o se superponen. Léelas (tal vez en voz alta) y fíjate en cuáles resuenan contigo.

Después de cada excusa, encontrarás una sugerencia de «Experimento de 15 minutos» que puedes intentar para jugar con tu forma de pensar y salir del estancamiento. Siéntete libre de inventar alguno.

Algunos experimentos incluyen una práctica que llamo «garabato de 90 segundos». No es arte; es solo una forma de sacar tus pensamientos de la cabeza y ponerlos en un papel, lo cual te permite tener una nueva perspectiva. Usa figuras simples, formas, colores, lo que sea: solo debes hacer garabatos durante 90 segundos sin parar ni juzgarte a ti mismo.

«Este no es un buen momento» = Prefiero renunciar que fracasar

Haz una lista de cinco cosas que hayas hecho alguna vez antes de sentirte preparado y que hayan funcionado. Agrega cinco cosas que nunca hayas hecho, pero desearías. Ahora enumera cinco cosas que has decidido no hacer, y de las que estás contento. Revisa esta lista en busca de ideas, inspiración y nuevos conceptos.

«En realidad no estoy cualificado» = Me siento más seguro al menospreciarme que al intentarlo

Haz una lista de tres personas que, en teoría, no están cualificadas para hacer lo que hacen. ¿Qué tienen hoy que enseñarte?

«No sé cómo hacerlo» = No estoy dispuesto a confiar en mi saber interno

Apunta cinco talentos y dones que hayas tenido desde siempre. ¿Qué sucede cuando confías en ellos?

«No sé cómo hacerlo» = No estoy dispuesto a consultar a un experto

Investiga entre cinco y diez minutos, hasta encontrar al menos a tres personas de confianza a las que preguntarles. Luego, consúltale a alguna.

«¿Y si la gente me ve fracasar?» = La opinión pública es más importante que mi crecimiento personal

Haz un gráfico o garabato que delimite con exactitud cuánto desprecio ajeno podrías soportar antes de rendirte. ¿Un comentario crítico en las redes sociales? ¿Diez? ¿Que dos o más conocidos hablen mal de ti? ¿Que haya personas protestando fuera de tu casa? Diviértete imaginando lo peor y fíjate si tu miedo se vuelve más liviano.

«¿Qué pasaría si fracaso y arruino todo?» = No puedo recibir mis errores con dignidad

Garabatos de 90 segundos: primero, por favor, dibuja la *sensación* de ser criticado tras un error. Hazlo solo durante 90 segundos. Echa un vistazo y observa lo que ves. A continuación, dibuja cómo podrías asumir tus errores con dignidad. Continúa dibujando la sensación durante otros 90 segundos. Observa y toma nota de cualquier pensamiento.

«¿Qué pasaría si cometo un gran error? ¿O incluso uno pequeño?» = Si no soy perfecto, no me amarán

Haz una lista de diez personas a las que adores, admires y respetes. Piensa en si son perfectas o no. Piensa en si creen que eres perfecto. Vuelve a pensar en el papel que cumple la perfección con respecto al amor.

«¿Qué pasaría si no lo logro y todo acaba siendo una gran pérdida de tiempo?» = Valoro más el resultado que el proceso

Escribe esto: ¿cuál es el resultado mínimo que necesitarías para sentir que este proyecto merece la pena? ¿Qué pasaría si el proyecto solo recoge la mitad? ¿Qué pasaría si fuera diez veces superior a las expectativas? ¿Importa el resultado en realidad? Si es así, ¿cómo puedes ubicarte para garantizar un resultado satisfactorio?

«No quiero desperdiciar mi tiempo» = No tengo curiosidad por saber en quién podría convertirme en el proceso

Imagina tu proyecto frente a ti. ¿Cómo es? ¿Es una caja? ¿Un cofre del tesoro? ¿Un fuego? ¿Un muro de ladrillos? Ahora, pregúntale: «¿Quién necesitas que sea?» o «¿En quién me invitas a convertirme?». Permanece en silencio, deja que la respuesta emerja y escríbela.

«¿Qué pasaría si esto no sale bien?» = Necesito saber el resultado preciso antes de comenzar

Responde en tu diario: ¿cómo te va insistiendo para tratar de predecir cada resultado? ¿Te ha pasado alguna vez que algo terminara siendo completamente diferente a lo que imaginabas y aun así fuera perfecto?

«¿Qué pasaría si es una pérdida de tiempo?» = Creo que es posible «malgastar» el tiempo

El tiempo es el ahora infinito. El tiempo se estira y se pliega. Vivimos toda una vida en un instante, y el primer beso dura para siempre. Escribe por lo menos tres formas en las que vives el tiempo. Analiza la pregunta: «¿Es posible perder el tiempo?».

«No sé bien por dónde empezar» = Me asusta comenzar porque temo no terminarlo

¡Ay, el país de los proyectos a medio acabar! No hay que avergonzarse por abandonar algo que ya no te interesa. Hasta puedes deshacerte de las pruebas, en lugar de sentirte mal. Saca del armario los viejos botes de pintura y el cuaderno incompleto. Lo que te quiero decir es: «Relájate, tesoro. Solo tienes que empezar por algún lado, cualquiera, y ver cómo te sientes. Te doy el permiso total de desistir mañana».

«He investigado mucho, pero no sé por dónde empezar» = No sé por dónde empezar, pero me doy cuenta de que hacerlo cambiará mi vida, así que siento que es más seguro quedarme en la ignorancia, atascado

Con frecuencia, la gente dice que «cambiar es difícil». En mi experiencia, cambiar mucho menos difícil que anticipar el cambio. Estás cambiando, así que más te vale dejarte llevar por el proceso, ¿no crees? Haz una lista de tres resultados positivos que podrían ocurrir si dejas de luchar contra el cambio que está emergiendo.

«No conozco a nadie que haya hecho algo así» = Siento que si lo hago la gente lo verá con malos ojos

Uno de nuestros deseos más fuertes como seres humanos es pertenecer, por lo que resulta completamente natural preocuparse por la aprobación y la desaprobación de los demás. Entonces, seamos específicos. Haz una lista de las personas concretas que podrían reírse de ti y apunta con exactitud qué significa para ti que no aprueben lo que hagas. Supongo que lo que quiero decir es: en realidad, ¿te importa la falta de apoyo de personas que, probablemente, jamás te respalden, sin importar lo que hagas?

«No quiero comenzar y después dejarlo» = Si investigo el tema solo cinco minutos en Internet, estaré comprometido con el proyecto para siempre jamás

Recuerda que se trata de un *experimento*, y que pasar 15 minutos no es hacer un voto de por vida. Trata de entrar en un espíritu lúdico, de investigación y asombro. Haz un dibujo durante 90 segundos sobre cómo sientes el peso del compromiso.

«Me siento raro como principiante» = Me siento tonto

Te recomiendo que formes el hábito de sentirte tonto. Cuando trabajo con líderes, los incentivo a que cada semana hagan algo en lo que sean principiantes. Alguna actividad en la que no estén a cargo ni sepan todo, y en la que con frecuencia se sientan fracasados. Bien se trate de ir a clases de piano, de levantar pesas o de observar aves, hay un maravilloso beneficio en pasar tiempo habitando una «mente de principiante». Piensa en tus momentos tontos como una bendición. Hoy dedica al menos 15 minutos a hacer algo que haga que te sientas tonto (¿quizás ir al karaoke?).

«Ahora no tengo tiempo para hacerlo» = Me niego a priorizarlo

Trabaja en ello hoy durante 15 minutos.

«Con la familia, el trabajo y lo demás, no tengo ni un minuto para mí» = Es más importante colocar las necesidades de los demás antes que las mías

He advertido que, entre mis clientes y estudiantes, quienes dedican tiempo a hacer sus actividades de 15 minutos abordan sus otras obligaciones con mayor felicidad, además de realizarlas mejor. ¿Por qué no intentarlo durante una semana o diez días, y ver cómo te sientes? Empieza hoy.

«Quiero hacerlo, pero estoy demasiado ocupado con los demás» = Me resulta más importante mantener los compromisos con los otros que cumplir los que hice conmigo mismo

Utilicemos el sentido de responsabilidad social, ¿te parece? Te recomiendo conseguir un «compañero» o alguna otra variante de responsabilidad grupal. En la actualidad, en mi compañía ofrecemos la suscripción a una Práctica Diaria.[9] En ella, nos reunimos *online* de lunes a viernes, nos saludamos y luego nos concentramos durante 15 minutos. Cuando suena el cronómetro, la gente está radiante y llena de positividad. También puedes asociarte con algún amigo amable, respetuoso y solidario que no te deje escaquearte con tus tretas habituales. Hasta podrías comenzar tu propio grupo. ¡Qué demonios! Hasta podrías comenzar tu propio grupo y cobrar por ello. Por ejemplo: «Quería asegurarme de salir a caminar todos los días, así que inicié el Club Diario de

---

9. Te invito a revisar el sitio https://therealsambennett.com/15-minute-method-bonus/ para obtener acceso gratuito y otras herramientas útiles.

Caminantes. Nos reunimos cada día a las seis y media de la mañana, y caminamos durante 15 minutos. Se pagan diez dólares al mes, y como ahora tenemos quince socios, votamos mensualmente adónde donar los ciento cincuenta». Dedica hoy 15 minutos a reflexionar sobre qué modo de responsabilidad podría servirte mejor, y luego da el primer paso para instituirlo.

«Siempre estoy muy ocupado. Sencillamente no tengo tiempo para nada nuevo» = Prefiero malo conocido, muchas gracias

Examinemos tu dañino cronograma: identifica por lo menos una cosa que hagas de forma regular y no esté funcionando. ¿Puedes cancelarla? ¿Te resulta posible hallar algo en tu vida que podrías cancelar o modificar de manera permanente? Lo que quiero decir es que estamos hablando de encontrar apenas 15 minutos al día, ¿verdad?

«Me encantaría, pero la verdad es que no tengo tiempo» = Me niego a hacer tiempo

Reivindica tu poder. Si no quieres hacer tiempo para algo, exprésalo. En lugar de decir «estoy demasiado ocupado», intenta decir: «Elijo no dedicar tiempo a eso en este momento». No eres una víctima del tiempo. Haz un garabato de 90 segundos sobre cómo te sientes al tomar el cien por cien de la responsabilidad sobre la forma en que utilizas tu tiempo.

«Lo haré más adelante / después del verano / cuando los niños se gradúen / cuando me jubile» = Creo que viviré mucho y siempre estaré lo bastante sano como para explorar aquello que me inspira

Una de las razones por las que comencé mi compañía es que soy de veras consciente de que no estamos aquí durante mucho tiempo, y no puedo soportar la idea de que alguien deje este mundo sin haber cantado su propia canción. No tenemos una cantidad ilimitada de tiempo para hacer realidad nuestros sueños y, además, tampoco sabemos durante cuánto tiempo nuestros cuerpos serán lo bastante fuertes como para seguir con nuestras cosas. Cada vez que me entero de algún accidente extraño, como un avión que aterriza justo en la casa de alguien o una persona que muere por un carámbano de hielo, rezo por que hayan podido pasar tiempo en las cosas que amaban y no hayan dejado una larga lista de sueños de «algún día lo haré...». Dedica hoy 15 minutos a averiguar cómo puedes avanzar en uno de tus sueños de «algún día».

«Lo haré más adelante / después del verano / cuando los niños se gradúen / cuando me jubile» = Guardo la vajilla «buena» para ocasiones especiales y rara vez uso mis mejores cosas. El momento «especial» siempre está en el futuro

Encuentra el modo de hacer que cada día sea especial. Podrías ponerte los zapatos[10] buenos o darte un gusto con un mejor almuerzo. Podrías llamar a alguien a quien extrañas o hacer origami. Cualquier cosa que haga que el hoy sea un poco más elegante, más agradable y más placentero cuenta. Nunca demores la alegría.

---

10. Hace algunos años, cuando mi negocio alcanzó su décimo aniversario, decidí como CEO que era importante reconocer los aportes del puesto al éxito de la iniciativa. Así que me compré un par de mocasines clásicos de Gucci, tan caros que daba placer y suaves como la mantequilla. Cada vez que me los pongo, me siento elegante. Por ende, los uso todo el tiempo. Ya los he reparado una vez, y estoy a punto de tener que hacerlo de nuevo. Qué fantástica inversión hice con esos zapatos: un verdadero regalo de parte de mi empresa.

«No puedo permitírmelo» = Me niego a invertir en eso

Pobre dinero: siempre culpable de nuestra falta de diversión. Dejando de lado a quienes tienen problemas para pagar el alquiler y la comida, he advertido que la mayoría de las personas (sin importar que se sientan en bancarrota) encuentran el dinero para las cosas que les importan. Si no estás dispuesto a pagar por «x», «y» o «z», está bien, pero sé honesto al menos contigo mismo. En lugar de decir, «No puedo permitírmelo», di: «Elijo no destinar fondos a eso en este momento». Tal vez puedas revisar el último estado de tu cuenta bancaria o tu tarjeta de crédito para asegurarte de que estás gastando el dinero en cosas que en verdad te importan. Si, tras reflexionar un poco más, decides que merece la pena invertir en tu proyecto, identifica algunas compras en las que podrías reducir gastos para tener más fondos disponibles.

«Quiero hacerlo, pero no puedo comenzar» = Estoy acostumbrado a decepcionarme a mí mismo

Haz una lista de entre tres y cinco ocasiones en las que hayas cumplido una promesa contigo mismo. Toma nota de lo que funcionó y de cómo lograste perseverar. Ahora bien, elige hoy algo que sea sencillo e importante solo para ti, y prométete que lo harás. Pon atención a si lo haces o lo evitas. No te enfades contigo mismo; sé compasivo y observa tu proceso. Inténtalo de nuevo mañana. Y al día siguiente. Y al siguiente.

«¿Qué pasa si es genial y luego me siento con demasiada presión?» = El éxito da miedo y es amenazante

Te felicito por tu imaginación vívida. Pero si vas a visualizar un resultado, ¿por qué no pensar que será fabuloso? Haz unos cuantos garabatos de 90 segundos sobre cómo sientes el éxito «aterrador» y luego otros sobre cómo sientes el éxito «feliz».

«¿Qué pasa si la gente piensa que se me subieron los humos?» = Conformarse es mejor que ser auténtico

Casi todas las culturas poseen alguna versión de «No pienses que eres tan especial», «Al que sobresale, lo tumban» y «El clavo que sobresale recibe el martillazo». En Escandinavia, la Ley de Jante es todo un *ethos* basado en «No pienses que eres más inteligente, mejor o más importante…». Creo que todos podemos estar de acuerdo en que la modestia es, en general, algo bueno y que mantenernos humildes en nuestro trabajo es esencial. Con todo, dedicar tiempo a las cosas que nos importan no es arrogante; es auténtico. Desarrollar nuestras habilidades y talentos no es fanfarrón; es honrar nuestros dones. Cuanto más evolucionamos hacia nuestro verdadero yo, más tenemos para compartir con el resto del mundo. Dedica 15 minutos hoy a desarrollar con humildad tu auténtico yo.

«¿Cómo sé si esta es una buena idea o no?» = Creo que existe tal cosa como una «buena» idea

No existe algo así como una buena idea. Solo hay ideas que llevas a cabo e ideas que no. Las ideas solo demuestran su mérito en la ejecución. Escribe tres preguntas que podrías hacer para probar tu idea, por ejemplo: «¿Alguien más ha tenido éxito con ella?», «¿Qué dicen los expertos sobre este tipo de cosas?» y «¿Por qué me asusta?».

«No estoy seguro de si esta es una buena idea o no» = Me siento terrible, y si empiezo a dedicar tiempo a hacer algo que en verdad me importa, temo que mostrará todas las cosas infelices que hay en mi vida y eso traerá caos, así que creo que es mejor quedarme en la indecisión

En este caso, voy a dejar que propongas tu propio experimento.

Qué pasaría si...

¿Qué pasaría si no necesitaras la aprobación de nadie nunca más? ¿Qué pasaría si la aprobación que ya has obtenido fuera lo que necesitabas?

9. El infrarrealizado que llevas dentro quiere hablar contigo

Te han criado para creer que es importante que te vaya bien.

Es más: te han criado para creer que es importante que *se note* que te va bien.

Una vez, un amigo me desafió a poner dinero en el frasco para propinas de un barista cuando este no miraba. Hasta ahora, he logrado hacerlo exactamente dos veces. Estaba consternada, pero no sorprendida, por cuánto deseaba ser vista dando la propina. Aquí está nuestro nuevo *kōan* zen: si un billete de cinco dólares cae en un frasco de propinas, pero un trabajador con salario mínimo no está allí para verlo, ¿me reconocerán como buena persona?

Sé que algunos de mis lectores se identifican como abejas laboriosas, adictos al logro, complacientes, *girl scouts*, *boy scouts*, *scouts* no binarios y cualquier otra clase que tienda a anteponer las necesidades de los demás a su propio bienestar. No hay nada de malo en ser una buena persona, que respeta la ley, paga sus impuestos, es educada y hace buenas obras. Está muy lejos de eso. Pero ¿y si el sesgo hacia las buenas obras en realidad te está frenando?

¿Qué pasa si tu deseo de ser una «buena persona» significa que:

- no te permites probar cosas nuevas?
- no asumes riesgos?

- renuncias demasiado pronto a las nuevas ideas?
- a menudo haces demasiado, incluso cuando tu trabajo no es apreciado?
- estás tan atrapado en el mito de la seguridad que te aíslas de la vida misma?

Quiero transmitir un hermoso consejo que una vez me dio Stephen, mi querido amigo, exesposo y amado poeta de lo obsceno. Advertía cuántas personas me llamaban para solucionar sus problemas (gratis) y la frecuencia con que me cansaba, agotada por todo el trabajo no remunerado.

«Sam», dijo, «¿has notado que a mí casi nadie me molesta con sus problemas?[11] Me gustaría compartir contigo mi sencillo sistema de tres partes, y te aseguro que nadie volverá a aprovecharse de ti». Y luego dijo que la próxima vez que alguien me pidiera trabajar gratis, debía:

1. Cagarla.
2. Llorar y quejarme.
3. Ir drogada.

---

11. La parte más divertida es que lo que decía no es cierto; aunque a veces a los extraños les da la impresión de que es indiferente a su aprobación, sin duda, Stephen es la persona a la que sus amigos llaman cuando necesitan ayuda con cualquier cosa; desde cambiar el suelo de la terraza hasta escribir el discurso perfecto para un padrino de boda. Es realmente leal y muestra una dedicación feroz ante las personas, animales, lugares y actividades que le apasionan. Pero está cubierto por un delgado barniz de indiferencia que le sirve para protegerlo de ser tomado a la ligera por los demás. ¿Tiene sentido?

Una vez le pedí que colaborara con un libro de consejos que estaba recopilando para la fiesta de nacimiento del bebé de una amiga (por cierto, es un gran proyecto: solo pides que la gente escriba o envíe una frase o párrafo de consejos para los futuros padres, recién casados, graduados universitarios, etc., y lo reúnes en un libro. Siempre hay algunas palabras con una sabiduría increíble, y se convierte en un hermoso recuerdo con el paso de los años). El consejo de Stephen para este niño que aún no había nacido fue el siguiente:

«La gente te ama. Déjalos».

Me reí a carcajadas, esa era la intención. Además de ser un gran chiste, me pregunté si su ingenioso sistema contendría alguna enseñanza importante. La idea era tentadora: ¿qué pasaría si el estudiante aplicado de la primera fila de repente se despatarrara en el fondo, pasara notitas y contara chistes verdes? ¿Qué pasaría si, por mi personalidad, la gente no me pidiera ayuda? ¿Podría sacrificar mi identidad de «servicial de día y noche» con algo de incompetencia estratégica?

«Cágala. Llora y quéjate. Ve drogada» se convirtió en una de mis bromas recurrentes, ya que hasta el simple recordatorio de que no necesitaba tomármelo todo tan en serio me resultaba útil.

Ahora bien: por supuesto, no estoy recomendando que te dediques a estropear los proyectos de otras personas, siendo inmaduro o intentando trabajar bajo los efectos de las drogas. Eso sería ridículo (es posible que también desternillante, pero ridículo de todos modos). Creo que hay sabiduría en el consejo de Stephen si pensamos en un sentido un poco más amplio y menos literal sobre estas ideas. Déjame explicártelo…

¿El deseo de hacer las cosas bien interfiere con tu desempeño?

Pensemos en eso un momento: ¿de qué manera tu deseo de hacer las cosas bien (es decir, de no cagarla) podría estar interfiriendo en que lo hagas mejor?

Tu deseo de hacer las cosas bien (no cagarla) podría indicar que te estás conteniendo.

Piensa en todas las cosas que no dices, las opiniones que no expresas. Los textos que no publicas. Las oportunidades o riesgos que no tomas.

Tal vez:

- piensas que lo que haces tiene que ser tan bueno como lo de tus maestros.
- dejas que gane el miedo al fracaso.
- al final nunca comienzas.
- te preocupas: «¿Y si me equivoco?».
- investigas un montón para estar seguro de no equivocarte, y luego te sientes demasiado intimidado para comenzar.
- procrastinas porque te preocupa no hacerlo bien.
- creciste con personas que criticaban, así que aún no te atreves a intentarlo.

¿Terminas conduciendo con un pie en el acelerador y el otro en el freno porque tienes miedo de fallar de alguna manera? ¿Te excedes para que no te acusen de flojo? ¿Tal vez te rindes demasiado pronto? ¿O simplemente te quedas atrapado en una rutina porque parece «más seguro»?

¿Qué significaría «cagarla» para ti?

Tal vez podrías lanzarte sin más, sin pensarlo demasiado, y ver qué pasa.

Tal vez podrías hacerlo a medias y ver si «sacar una calificación regular» es suficiente.

Quizás podrías ignorar aquellas reglas institucionales en juego que te parezcan más tontas.

Valoro tener un estándar alto, pero quizás no es esencial que sea tan alto, ¿sabes? Considera en qué punto podría estar bien hacer lo mínimo indispensable. ¿O solo darte permiso para no ser tan cuidadoso?

Por ejemplo, solía dudar en darle a mi diseñadora las especificaciones para una nueva hoja de trabajo, porque sentía que tenía que darle algo diseñado con belleza y con una claridad perfecta. Al final, me dijo que podía simplemente esbozar algo en una libreta, sacarle una foto, enviársela, y ella podía encargarse del proyecto a partir de ahí. La primera vez que hice esto, sentí que estaba «cagándola», porque compartía algo muy poco elaborado, pero luego me di cuenta de que darle más libertad creativa llevaba a un mejor resultado final. Además, ya no perdía tiempo con un trabajo innecesario que me estresaba.

¿Qué hay de «llorar y quejarse»?

¿Qué podría significar «llorar y quejarse» para ti? Quizás sea una oportunidad para pedir lo que quieres (de forma clara y sin disculpas).

O simplemente de *cogerlo* sin pedirlo (¡oh! Increíble, ¿verdad?).

O tal vez significa admitir ante ti mismo lo cansado que estás en realidad.

Quizás podrías dejar de ser tan buen deportista todo el tiempo y, en su lugar, tener una conversación franca sobre lo que te sirve y lo que no.

Para quienes hacemos del no quejarnos nunca casi una religión, podríamos sentir el simple y atrevido acto de pedir como «llorar y quejarse», pero te aseguro que no lo es. Tu honestidad (por incómoda que te parezca en el momento) nos ayuda a los demás y nos da a todos la oportunidad de encontrar una forma mejor de relacionarnos.

¿Qué podría significar «ir drogado» para ti?

«Ir drogado» es mi favorito, porque me hace pensar en muchas formas divertidas de «ser», además de tener miedo.

Por ejemplo, si estuviera drogada, podría aceptar todo tal como viene, en vez de darle vueltas tratando de pensar en un futuro lejano.

Quizás no me sentiría descontenta cuando otros hagan las cosas de manera diferente a como yo las haría (todos sabemos que juzgar a las personas según nuestros propios estándares es un viaje exprés al infierno).

¿Quizás podría ir con la corriente? ¿O concentrarme en lo que está sucediendo sin preocuparme por cómo podría verse, sin autocríticas?

El experimento de 15 minutos

Haz un garabato de 90 segundos sobre cómo te sientes cuando tienes tanto miedo a fracasar.

Aquí hay algunas imágenes que otros han dibujado, para inspirarte:

- Un globo ocular sobredimensionado, siempre observando y evaluando.
- Sentarse en la oscuridad en la última fila de un teatro, pasando por completo inadvertido.
- Una espiral que se va cerrando cada vez más.
- Asomarse desde debajo de las sábanas, con miedo a salir.
- Nubes de tormenta y una niebla densa y baja.
- Electricidad saliendo del cerebro y una bolsa de papel en la cabeza.
- Esconderse debajo de una mesa.
- Soy muy pequeño, estoy sentado solo en un rincón y observo cómo los demás se alejan juntos hacia la luz del sol, sin percatarse de mí.
- Mis manos y mi cabeza van en todas las direcciones posibles, mientras yo espero que alguna sea la correcta.
- Una cueva con barras en la entrada y un río furioso fuera.

¿Puedes sentir la presión? ¿El miedo? ¿La invisibilidad?

A continuación, haz un garabato de ti mismo contento, incluso alegre, mientras jodes la marrana, lloras y te quejas, y/o vas drogado.

Aquí hay algunos ejemplos de mis clientes:

- Con una sonrisa de Buda.
- Totalmente relajado y riendo; los demás a mi alrededor relajados y felices, rodeados de girasoles.
- Salir de la cama, apartando las cobijas, listo para enfrentar lo que venga.
- Hacer garabatos sin parar (de pronto, prolífico).
- Sentarse bajo un árbol sosteniendo un ramo de flores, mientras un montón de pequeños monigotes corren alrededor sosteniendo portapapeles.
- Mis personas favoritas y yo, reunidos alrededor de la mesa, divirtiéndonos (sin escondernos).
- Dos monigotes saludándose, dándose la mano, y una línea punteada conectando sus corazones.

Qué pasaría si...

¿Qué pasaría si cambiases el perfeccionismo por la poesía?

10. Interludio: oda a la abeja trabajadora

Te veo
facilitándoles la vida a todos los demás.
La manera paciente con que tratas al vendedor
recoges otro calcetín solitario
pones otro plato de comida casera sobre la mesa
y un extra en un táper para el vecino enfermo.

Hace mucho dejaste atrás la palabra «laboriosa»
porque significa que hay un mundo (o un día)
en el que no estás ocupado con tus labores.

En todo momento estás trabajando, planeando
haciendo malabares
prestando atención y afecto a este problema y al otro
a esta persona que lo necesita y a la otra.

Parece que ser fuerte y capaz es
el propio castigo
cada problema es una hidra de dientes afilados, le crecen dos
cabezas por
cada una que piensas haber controlado.

Todos recurren a ti.
Las soluciones se vuelven tuyas

Y aun así sientes que quizás no estás
haciendo lo suficiente.
El doloroso miedo a fallar es
peor que la fatiga

Entonces sigues adelante.

Por fortuna, tienes un excelente sentido del humor
Y amor por las largas caminatas
Y tres amigos cercanos en marcación rápida.

Y eres excelente contando tus bendiciones.
Benditos aquellos que tienen reuniones durante todo el día, porque de ellos es la paciencia de las montañas.
Benditos aquellos que se frustran con la ignorancia intencionada, porque de ellos es la furia justa.
Benditos los que no se quejan, porque de ellos es la entrega calmada a las necedades del mundo.
Benditos aquellos que tienen hambre y sed de carbohidratos y vino, porque serán consolados.

Benditos aquellos que bailan en la cocina
dejan tiempo por la noche para jugar en familia
dicen «te quiero» en cada ocasión
ignorando los ojos en blanco de los más pequeños
mientras se esfuerzan por hacer de un
momento ordinario
un recuerdo.

Porque son los recuerdos los que importan.
El legado de la luz de la luna sobre el césped cortado
y un abrazo rápido.

Eres tan trabajador como una abeja (la abeja reina)
sensible al zumbido de toda la colmena
lleno de dulzura y buenos remedios.

En realidad, eres el centro de todo el ecosistema.

Eres el centro del zumbido benevolente.

11. El camino de tu resistencia

Todos tenemos formas favoritas de trabajar. Y también formas favoritas de quedarnos estancados. Revisa cuál de estos escenarios resuena contigo:

Tienes una idea que te entusiasma, y luego…

- crees que es demasiado difícil, tedioso o complicado, y renuncias.
- te lías con la tecnología (te das cuenta de que quizás necesites un ordenador nuevo, o no entiendes un programa, o hay algún aparato que debes aprender a usar) y todo se te complica demasiado, así que renuncias.
- se lo mencionas a la única persona que te dice justo lo correcto para desmotivarte, y renuncias.
- te distraes con otra idea, y aunque te prometes volver a ella, en efecto, has renunciado.
- encuentras otra obligación que es más importante, así que renuncias.
- observas a tu adolescente interior cruzar leeeentamente los brazos… y ya sabes: nunca podrás convencerte para seguir actuando, así que renuncias.
- recuerdas todos los demás proyectos que has comenzado y no has completado, te desanimas y renuncias.
- gastas una millonada en equipo o entrenamiento, y luego renuncias.

- llamas a 57 personas para pedirles su opinión sobre esta idea, en lugar de actuar de forma significativa y, confundido por tantos comentarios hipotéticos, renuncias.
- investigas durante horas, y luego renuncias.
- te parece que los demás ya lo están haciendo, y renuncias.
- crees que no habrá dinero, y renuncias.
- recuerdas a un amigo que ya tuvo éxito con lo mismo, y renuncias.
- te apresuras, haces dos tercios del camino, y luego renuncias.
- superas un 99 por ciento del camino, y luego renuncias.
- lo terminas: ¡felicidades! ¡No has renunciado! Y luego lo guardas en un armario para siempre.

¿Cuál es tu patrón a la hora de renunciar o quedarte estancado? ¿Qué te dice? ¿Qué notas?

El experimento de 15 minutos

Dedica 15 minutos a hacer garabatos, dibujar, escribir en tu diario o busca otra manera de procesar los resultados de esta investigación.

Qué pasaría si...

¿Qué pasaría si tener el valor de tus convicciones significa que nunca, pero nunca faltarás a una de tus sesiones de 15 minutos?

12. La versión perfecta

La versión perfecta de tu proyecto (que solo existe en tu cabeza) es casi inútil. Está al mismo nivel de «compararte con cómo eras hace veinte años» o de «qué increíble sería tu pareja si fuera distinta».

Sin embargo, hay un deseo por aferrarse a la versión perfecta, ¿no es cierto?

En la versión perfecta de tu cabeza, no existen las críticas de los demás, no malgastas esfuerzos ni haces nada que te disguste. ¿Sabes por qué? Porque la realidad es que no está ocurriendo. Solo se trata de tu imaginación visualizando un mundo perfecto.

Tal vez te hayan enseñado a creer en pensamientos como:

> «Si es imposible que sea perfecto, ¿para qué intentarlo?».
>
> «Si no puedo ser el mejor, no quiero empezar».
>
> «Necesito ser capaz de pensar todo en detalle antes de poder comenzar».
>
> «Si empiezo y no es lo bastante bueno, me frustraré y renunciaré».
>
> «Estoy seguro de que alguien más ya ha hecho esto mejor de lo que podría hacerlo yo».

Estos pensamientos son tonterías.

En realidad, son tonterías con un extra, porque hay un leve tufillo a superioridad en ellos, ¿verdad? Ese tono que tú y solo tú conoces sobre si es «bueno» o «lo bastante bueno». La idea de que eres el árbitro definitivo del buen gusto, y que, de alguna manera, controlas cómo se desarrollan las cosas en tu vida.

Así que vamos a desglosarlos:

«Si es imposible que sea perfecto, ¿para qué intentarlo?»

En este caso, existe la creencia de que «perfecto» no solo es algo, sino algo deseable. De hecho, con frecuencia las imperfecciones son las que hacen que las cosas sean especiales. ¿Quieres a tu mejor amigo porque es perfecto? ¿Tu libro, película o canción favorita son perfectas? Por supuesto que no. De hecho, algunas de mis personas, libros, películas y canciones favoritas son extremadamente imperfectas. Apuesto a que las tuyas también.

La parte de «¿para qué intentarlo?» dice: «Prefiero quedarme aquí, en la torre, envuelto en autocomplacencia para no tener que preocuparme por ensuciarme allá abajo, en el barro», lo que debe ser una de las victorias más vacías posibles.

«Si no puedo ser el mejor, no quiero empezar»

Esta frase es muy similar a la anterior, pero un poco más fantasiosa y tonta ya que te lleva a pensar que hay una competición en marcha y necesitas ganarla. Además, tu manera de ganar es descalificarte desde el principio.

«Necesito ser capaz de pensar todo en detalle antes de poder comenzar»

Ahora bien, esto suena casi racional; pero no lo es. Es una locura, porque no puedes saber lo que no sabes. La mayor parte de lo que necesitas conocer sobre tu proyecto lo descubrirás haciéndolo.

En realidad no es posible pensar un proyecto de principio a fin, en especial uno que se supone que enriquece la vida, o incluso que la cambia. De hecho, descubrirlo en el camino es la mitad de la diversión.

La otra mitad es evolucionar mientras aprendes del proyecto. Si me preguntas, convertirte en ti mismo (descubrir quién eres mientras haces cosas difíciles) es lo más divertido de todo.

«Si empiezo y no es lo bastante bueno, me frustraré y renunciaré»

Si fueras pequeño, lo habríamos llamado «rabieta». Aunque simpatizo con la frustración de no poder ejecutar al nivel de tu visión, creo que eres lo bastante maduro en términos emocionales para perseverar. Y de nuevo, a veces «no ser lo bastante bueno» está bien, e incluso es encantador.

«Estoy seguro de que alguien más ya ha hecho esto mejor de lo que podría hacerlo yo»

Estoy absolutamente segura de que es cierto. También sé que no importa. No importa por algunas de las dinámicas que ya hemos mencionado: que «perfecto» o incluso «mejor» no es posible ni tampoco preferible, y que la persona en la que te conviertas al realizar este proyecto (sin importar lo mal que lo hagas) vale la inversión de tiempo y energía.

La otra razón proviene de uno de mis dichos favoritos:

Todo se ha hecho antes… pero no por ti.

Estoy segura de que has vivido la experiencia de escuchar algo mil veces, hasta que, de repente, alguien lo dice de una manera que es tan iluminadora que de pronto lo entiendes. A veces, la gente necesita escuchar la verdad de ti y de nadie más.

Nunca nos cansamos de las grandes historias, los buenos chistes o las recetas excelentes, y para ser sincera, queremos que las tuyas se compartan en el mundo. Más pronto que tarde, por favor.

La alquimia del esfuerzo

El problema final que veo con permitir que tu perfeccionismo mantenga la idea encerrada en tu cabeza es que, mientras permanezca herméticamente sellada, no tendrá impacto en mí ni en el mundo.

Así que nunca llegas a experimentar la «alquimia del esfuerzo».

Así es como funciona:

Pones cierto esfuerzo en hacer algo, y esto te modifica.

Luego lo sacas fuera, y el esfuerzo de liberarlo al mundo te modifica.

Yo veo o encuentro los efectos de tu esfuerzo: leo tu libro, veo el barco que construiste, admiro los zapatos que pintaste a mano; y eso me modifica. El trabajo significa algo distinto para mí que para ti, así que también se modifica el significado del trabajo en sí mismo.

Digamos que ahora te agradezco el esfuerzo y te digo lo que significó para mí. Ahora eres tú quien se modifica, el trabajo se modifica, yo me modifico, y ahora tú te modificas otra vez. Este bucle que representa la transferencia energética del esfuerzo es lo que yo llamo «la alquimia del esfuerzo». Dado que crece mucho más allá de la suma de sus partes y puede provocar cambios a lo largo del tiempo y el espacio, es una forma de magia.

Nunca sabes cómo impactarán en el mundo las cosas que haces. Y cuanto más hagas, participes, rías, fracases, crees, fracases de nuevo y vuelvas a reír, más magia crearás.

¿Estás dispuesto a creer que algunas de estas palabras podrían ser más importantes que «perfecto»?

Mágico	Franco
Auténtico	Salvaje

Real
Expresivo
Inusual
Artesanal
Ingenuo
Convincente
Espectacular
Hecho
Agraciado
Considerado
Tranquilo
Piadoso
Encantador
Desternillante
Genial
Extraño
Rentable
Actual
Correcto
Necesario
Sexy
Delicioso
Vital
Inspirador
Energético
Sofisticado
Exquisito
Divertido
Lujoso
Ruidoso
Creativo
Atrevido
Delicado

Experimento de 15 minutos

Reflexiona sobre cuáles son las palabras en las que podrías centrarte (además de «perfecto») y tal vez puedas añadirlas a esta lista.

Qué pasaría si...

¿Qué pasaría si hoy, cuando hagas algo significativo, inspiraras a alguien más a hacer lo suyo? ¿Y qué pasaría si el trabajo de esa persona inspirara a otras dos? Y así sucesivamente... ¿Qué pasaría si pudieras iniciar una avalancha global de productividad y buenos sentimientos?

13. Transforma tus debilidades en fortalezas

La inmortal balada «Send in the clowns» fue escrita cuando el clásico espectáculo *A Little Night Music* ensayaba en Broadway. Hal Prince, el director, sentía que el personaje de Desirée necesitaba un solo, y Stephen Sondheim, compositor y letrista, estuvo de acuerdo. El papel de Desirée lo interpretaba Glynis Johns, una maravillosa actriz británica. Resulta que Johns tenía una voz muy suave y débil, sin demasiado rango. En realidad, no podía sostener una nota o una frase largas, ni realizar los grandes cambios de melodía que hacen que los solos sean tan atractivos. Así que Sondheim hizo lo contrario, y convirtió sus debilidades en fortalezas. En lugar de una montaña rusa melódica, enorme y esforzada, la canción es delicada, melancólica y tranquila. La letra es una serie de preguntas cortas, irónicas en varios casos, que dejan mucho lugar para que se perciba el verdadero corazón romántico del personaje, y por extensión de todo el espectáculo.

Aprendí el truco de transformar las debilidades en fortalezas de otra gran mente cómica: el escritor, actor y director Ron West. Ron ha sido director en el teatro Second City durante más de treinta años; hace poco, un crítico dijo que estaba «sin discusión entre los dos o tres directores y actores más influyentes»[12] de esa venerable institución.

Lo conozco porque estuve casada con él, así que puedo decir con certeza que es un gran tío y un hombre muy gracioso.[13]

Ron West ha cultivado el arte de convertir las debilidades de los intérpretes en fortalezas. Si un actor no puede bailar, creará un paso de coreografía que destaque cuando se mueva torpemente, sin la menor sincronía con los demás, lo cual es desternillante. Le he visto convertir aparentes desventajas (como un fuerte acento, la incapacidad de recordar los movimientos escénicos o una timidez extrema) en momentos cómicos inolvidables.

Una vez, estábamos haciendo un espectáculo juntos y uno de los actores (llamémoslo Actor) era casi indomable. Cada vez que Ron le hacía una sugerencia, de inmediato Actor discrepaba y sugería lo contrario. A Ron no le costó demasiado darle la vuelta a la situación: sencillamente, comenzó a darle indicaciones que eran justo lo opuesto a lo que él quería.

---

12. Jones, Chris (2023), «Review: "The comedy of errors" at Chicago Shakespeare is a warm and generous farewell from Barbara Gaines», *Chicago Tribune*, 17 de marzo, <https://www.chicagotribune.com/entertainment/theater/reviews/ct-ent-comedy-errors-chicago-shakes-review-20230317-b6osvf5315er7fgr4uri6xx5hi-story.html>.

13. ¿Te preguntas cuántos maridos he tenido? Solo estos dos. Además está Luke, al que, después de doce años juntos, comencé a referirme como mi «casi marido», porque estábamos prácticamente casados. Cuando nos mudamos juntos, le pedí un anillo, en parte porque me gustan las joyas, pero, además, porque no quería que pareciera que estaba disponible cuando no lo estaba. Cuando me dio el anillo, me miró profundamente a los ojos y me dijo: «Supongo que debería preguntarte, querida: ¿quieres no casarte conmigo?». Lo besé y le dije: «Me encantaría no casarme contigo. No me casaré contigo por el resto de los días». #RomanceVerdadero

Luke y yo nos separamos hace poco de la misma manera fácil, honesta, amable y pacífica en que comenzamos. Así que supongo que ahora estoy felizmente casi divorciada.

Ron decía: «Entonces, Actor, me gustaría que te alejes de la Otra Actriz, miraras hacia fuera y dijeras esta línea, directo al público». «No», respondía Actor. «Creo que debería mirarla directamente a los ojos y decírselo solo a ella».

«Vale, de acuerdo», decía Ron, habiendo conseguido lo que quería con exactitud.

Si hay una persona rebelde en tu familia o tu equipo, tal vez puedas emplear este método. No se trata solo de psicología inversa, sino de invertirlo todo. Usado con sigilo, puede hacer milagros.

Sin don para la trama

Hace algunos años, me pidieron escribir el libro de un musical (el «libro» es el guion de un musical; los parlamentos que van entre las canciones). Ahora bien, ya había escrito libros de no ficción, además de una pieza unipersonal y una cantidad inmensa de números cómicos, pero nunca había logrado escribir una obra completa ni un guion. Dios sabe que lo intenté. Pero aunque los personajes y los diálogos me resultan fáciles, sucede que no tengo ningún don para la trama. Puedo fabular el vago esquema de una historia, pero cuando comienzo a pensar en la acción, me atasco. «¿Y si el héroe se encuentra con el villano en un pasillo? No, en un ascensor. ¿Llevan ropa de deporte? ¿Esmoquin?». Me paro casi de inmediato.

Casi digo que no. Pero este espectáculo era una ocurrencia de mi mejor amigo, Phil Swann, el exitoso compositor, productor y ahora novelista, junto con el legendario Al Kasha. Al ganó Premios de la Academia por las canciones «The morning after» y «We may never love like this again», además de otros premios por crear la música para la película *Mi amigo el dragón* y la banda sonora de *Siete novias para siete hermanos* en Broadway. Al era una leyenda, además de ser el hombre más amable que he conocido jamás.[14] Phil quería que colaborara con ellos escribiendo este musical de dos personas. Estaría ambientado en Hollywood, entre 1949 y 1952, y se llamaría *In a booth at Chasen's: the real-life Hollywood romance of Ron and Nancy Reagan* [En un reservado de Chasen. Como en Hollywood, pero en la vida real: el romance de Ron y Nancy Reagan].

Aunque temía que trabajar en este espectáculo anularía mis credenciales como una convencida liberal, criada con la serie *Free to be you and me*, acepté darle una oportunidad. Después de todo, este espectáculo se desarrollaba mucho antes de que Ron y Nancy fueran políticos de algún tipo: ambos eran actores de Hollywood en ese momento. Me sumergí en montañas de investigación, basándome sobre todo en fuentes primarias, y comencé a crear el esquema del espectáculo.

«Sam», me advirtió Phil un día, «deberías saber que te ha tocado el peor trabajo en el musical. Tienes que escribir todas las partes aburridas, y en cuanto algo interesante sucede, los personajes empiezan a cantar. Una vez que estrenemos, si el espectáculo fracasa, culparán al libro. Y si es un éxito, lo ignorarán por completo. No puedes ganar». Decidí que sonaba más parecido a un desafío que a una amenaza, y seguí intentándolo.

Me di cuenta de que había tenido suerte al conseguir el único trabajo de escritura teatral que en verdad podía llevar a cabo: escenas cortas, llenas de diálogos, con mucho coqueteo y sin necesidad alguna de crear un argumento. Ya lo sabemos todos: se conocen, salen, se enamoran, casi se separan,

---

14. Un comentario divertido: uno de los otros colaboradores frecuentes de Phil Swann es el ya nombrado Ron West, y Luke ha trabajado como arreglista y orquestador con todos nosotros. Somos muy amigos.

luego se comprometen, viven felices para siempre, y acaban convirtiéndose en las figuras influyentes que conocemos hoy en día.

Me encantó trabajar en el guion y descubrí que las limitaciones eran muy liberadoras. Por fortuna, el espectáculo encontró un productor maravilloso y tuvo una salvaje temporada de éxito en Los Ángeles a fines de 2018. Mi momento favorito fue cuando Michael Reagan (el hijo de Ronald) y algunos otros miembros de la familia vinieron y quedaron asombrados de su precisión. Se preguntaban cómo había sabido cosas tan íntimas sobre la relación de Ron y Nancy, y les expliqué que había investigado mucho y luego usado mi talento como escritora y... adivinado. Las críticas positivas incluso elogiaron el «diálogo animado».[15]

Cambia los «pero» por «y»

Al final, me parece que el truco de transformar debilidades en fortalezas puede hacer maravillas cuando las personas las utilizan de excusa para no seguir sus sueños.

«Quiero comenzar un emprendimiento adicional, pero nunca lo he hecho antes...».
«Quiero ser asesor de salud, pero tengo 45 kilos de sobrepeso...».
«Quiero escribir un libro, pero tengo 85 años...».

---

15. Ahí tienes, Phil. ¿Sientes curiosidad por el futuro del espectáculo? Yo también. Mientras nos preparábamos para una gira nacional, llegó la pandemia, y tuvimos que parar unos años. Pero tenemos los dedos cruzados. Mantente al tanto. En verdad, es un espectáculo pequeño y encantadoramente romántico, si se me permite. Puedes ver más sobre él en: https://inaboothatchasens.com.

Aquí está el truco: convierte el «pero» en un «y»; transfórmalo en el destacado de tu historia.

> «Empecé un emprendimiento paralelo, y nunca lo he hecho antes».
> «Soy un asesor de salud, y tengo sobrepeso».
> «Escribí un libro, y tengo 85 años»-

Estás perfectamente diseñado para hacer lo que quieres. Quizás no lo hagas de la misma manera que el resto, lo cual es algo bueno. Quizás no lo hagas de la «manera correcta», lo cual también es bueno.

De repente, tus debilidades no son un defecto, son una característica.

El experimento de 15 minutos

Piensa en algunos ejemplos de tu propia vida en los que tú o alguien más hayáis tenido éxito a pesar de que las probabilidades estaban en contra. ¿Podrías mencionar cuáles son aquellas características que percibes como debilidades y has convertido en fortalezas?

Qué pasaría si...

¿Qué pasaría si convirtieras lo que percibes como defectos en fortalezas? Si se trata de estar limitado por un presupuesto apretado, ¿qué pasaría si haces de la austeridad una parte clave de tu plan? Y si tu defecto es que eres «demasiado» viejo, alto o raro, ¿qué pasaría si haces de la edad, la altura o la rareza la característica principal de tu márquetin, tu perfil de citas o tu historia?

14. Advertir las voces críticas

¿Sabes qué he advertido? Cuánto advertimos lo que advertimos.

En otras palabras, me doy cuenta de que lo único que advertimos es aquello para lo cual estamos preparados o programados. Con frecuencia, el resto se nos pasa por alto.

Por ejemplo, como soy actriz, en cada programa de televisión, película o anuncio que veo, advierto a los actores. Tiendo a recordar sus nombres y a advertir en qué otra cosa han aparecido. Esto vuelve loca a mi sobrina. Estamos viendo un programa cuando, de repente, digo: «¡Ah, mira! ¡Ahí está ese actor llamado "x", o "y" o "z"! Me encanta. Lo conocí un poco porque trabajamos juntos en un programa en Los Ángeles, durante los años 90, y me encantó cuando hizo de invitado en esa otra comedia...».

«¡BASTA!», gritará mi querida sobrina. «¡Deja de estropearlo!».

Con esto quiere decir que solo le interesa aceptar al actor como el personaje que está interpretando. Le gusta mantener intacta la ilusión. No quiere pensar que es una persona real. Y, a menos que el actor sea uno de sus favoritos, es genuino que no los nota ni recuerda. No ha sido entrenada para advertir a los actores como personas, separadas de sus interpretaciones.

Tengo muchos amigos que son músicos profesionales; siempre me sorprende y asombra un poco cuando estamos en algún café y, de repente, a la mitad de las tortitas, alguien dice: «Ay, me encanta el arreglo de esta canción», y el resto de los músicos se une a la conversación sobre si les gusta o no, en especial por aquel arreglo de trompeta en el puente, etc. Yo me quedo allí sentada como un tronco, pensando: «Ummmmm... ¿está sonando música? Bueno, supongo que ahora que lo mencionas, sí».

Mis amigos músicos están interesados y entrenados en música, por lo que la advierten de inmediato y lo siguen haciendo, incluso cuando es solo ruido de fondo para ti y para mí.

Los coreógrafos advierten el movimiento. Los arquitectos, las estructuras. Los ingenieros, las soluciones a los problemas. Las personas con un adorable jersey temático reconocen a otras con un adorable jersey temático.[16]

Además de advertir cosas que se encuentran dentro de nuestra esfera de interés y experiencia, también tendemos a advertir eventos y comentarios negativos, porque estamos ligeramente programados para la negatividad. Después de todo, desde la perspectiva de la supervivencia, resulta más importante recordar ese límite peligroso, aquella planta venenosa o ese comportamiento inadecuado, que acordarnos de lo que suele ser seguro y adecuado.

Por eso, cuando haces algo y a 99 personas les encanta y te dicen lo genial que es, pero luego hay una que dice algo un poquito crítico, se convierte en todo lo que escuchas. No se trata de baja autoestima: es tu mecanismo de supervivencia en acción.

---

16. A algunos de esos jerséis, junto con las personas que los usan, se los conocen como «*quackers*». Parece que, cuando viajan, a menudo llevan sus llamativos jerséis adrede, para que otros «*quackers*», o cualquier persona necesitada, puedan encontrarlos. En teoría, en caso de que necesites pedir indicaciones u otro tipo de ayuda, puedes confiar en que un «*quacker*» será amable. ¿No es tierno?

El experimento de 15 minutos

Tomemos medidas para desactivar esa programación ligeramente negativa: pasa 15 minutos escribiendo diez comentarios positivos que hayas recibido. Y luego, vuelve a hacerlo mañana. Haz esto durante 90 días seguidos, y apuesto a que tu síndrome del impostor desaparecerá para siempre.

¿Qué pasaría si...

¿Qué pasaría si fueras tan amable contigo mismo como lo eres con los demás?

15. Síndrome de foco

Se conoce como efecto de foco o «*spotlight effect*» a la ilusión de creer que las personas nos están prestando atención, cuando en verdad no lo están haciendo. Se trata de un fenómeno psicológico muy común. Por ejemplo, cuando te trabas al hablar en una conversación y piensas de inmediato: «Oh, no; ahora todos pensarán que soy un fracasado total», cuando, en realidad, es probable que no lo hayan advertido en absoluto, y si lo hicieran, es posible que no lo piensen demasiado.

Sobre todo porque están demasiado entretenidos con el peso de su propio efecto de foco.

Cuando eres muy consciente de ti mismo, el simple acto de «exponerte» puede resultar extremadamente agotador. En ocasiones, la autoconciencia puede ser tan estresante que afecta toda la percepción de la realidad.

Una vez, viajé a Arizona para dar una conferencia corporativa. El chófer que me llevaba desde el aeropuerto estaba bastante callado, y yo me sentía cansada por el vuelo, así que no hablamos mucho de camino al hotel. Ahora bien, el hotel en el que me hospedaba es conocido por contratar a personas muy jóvenes y entusiastas para la recepción. Es un movimiento inteligente por parte del hotel, porque significa que les da a los jóvenes la oportunidad de aprender sobre hospitalidad, fomentando así a futuros líderes; pero es un trabajo que no requiere experiencia, por lo que no tienen que pagarles mucho, mientras obtienen el beneficio de darle a su marca un ambiente divertido y saludable. Además, tengo que decir que ser bienvenido por un personal jovial hace que los viajes de negocios sean (un poco) más tolerables.

Cuando llegamos a la entrada del hotel, el chófer y yo salimos del coche para sacar mi equipaje del maletero. Vi por primera vez que medía más de 1,80 metros de altura, y que tal vez pesara unos 180 kilogramos. Uno de los jóvenes del hotel salió con entusiasmo a darnos la bienvenida y ayudar con la maleta, y gritó: «¡Ey, orangután!».

Mi cabeza se elevó justo a tiempo para ver al chófer detenerse en seco. Se dio la vuelta, miró al chico y con una voz baja y ominosa dijo: «¿Qué acabas de decir?».

El chico de veintialgo se acercó al coche dando saltitos como Tigger. «Acabo de decir "¡Ey, Superman!". ¡Por tu camiseta! ¡Es una camiseta increíble!».

En efecto, el conductor llevaba una camiseta de Superman.

Miró hacia su considerable torso y dijo: «Ah, sí, Superman».

Tigger empezó a charlar sobre alguna trivialidad sobre el personaje con el conductor, y yo me escabullí en el vestíbulo del hotel, lejos de esos dos, con el corazón algo roto por la cara del chófer, que pensó que estaba siendo insultado alegremente, y algo sanado por el encanto inocente de Tigger.

¿Cuántas veces has oído un insulto donde no había ninguno?

¿Cuántas veces te has sentido menospreciado cuando no era la intención?

¿Cuántas veces has asumido que el comportamiento de alguien más apuntaba a ti, cuando no lo hacía?

¿Cuánto dolor te han causado esas ofensas imaginarias?

Deja de despedirte a ti mismo

Recuerdo meter la pata durante un gran espectáculo de improvisación. Estábamos actuando en un teatro con mil cuatrocientas entradas vendidas, y teníamos varios invitados famosos. Yo estaba en la escena que cerraba el primer acto, y la perdí. Ahora, hacer esto en un espectáculo de improvisación es, en realidad, una especie de bendición, porque como se está inventando a medida que se hace, la audiencia y tú están en esto juntos, por lo que meter la pata puede convertirse en una especie de broma interna, o incluso un portal mágico hacia una mejor escena. Pero no ese día. Al menos no para mí. Tropecé tantas veces mientras actuaba que comencé a sentir que el aire estaba hecho de pegamento y me movía en cámara lenta. Recuerdo haber captado la mirada de mi amiga, una de las otras intérpretes, y su expresión era clara: «¿¿¿Qué te pasa???».

En el descanso salí al aparcamiento, lloriqueando como una histérica porque no podía detener la avalancha de voces en mi cabeza, que decían que era una imbécil, un fracaso sin esperanza, una ridícula por pensar que podría triunfar en Hollywood. Estaba segura de que me tenían que despedir enseguida.

El hecho de que, en ese mismo momento, me estuvieran pagando para improvisar con famosos frente a una gran audiencia en vivo en Los Ángeles no ayudó en nada a levantar mi autoestima del suelo. Al final, escuché que el director de escena nos llamaba para reunirnos antes del segundo acto, así que me salpiqué la cara congestionada con agua fría e intenté calmar mi respiración. Uno de los famosos me miró, me dio un abrazo rápido y dijo: «Sabes que es solo un espectáculo, ¿verdad? Vamos a divertirnos».

Él había advertido que estaba molesta. Pero no que había actuado mal. Y si lo había hecho, lo superó. Solo yo seguía repitiendo este fracaso en mi cabeza.

De alguna manera, logré pasar el segundo acto, pero después no fui a la fiesta, en la que podría haber hecho algunos amigos poderosos o simplemente haberme divertido, ¿no?[17]

La vergüenza de lo que percibí como un fracaso me persiguió durante semanas. ¿Quién sabe cuántas conversaciones fructíferas podría haber tenido durante ese tiempo si no hubiera estado ocupada lamiéndome las heridas invisibles? ¿Cuántas audiciones arruiné durante esas semanas, fallando por el miedo a fallar?

No es importante que te presentes y seas brillante el cien por cien del tiempo.

No es importante (ni siquiera posible) que jamás cometas errores.

Lo único que importa es que sigas adelante.

Que sigas apareciendo.

Que te perdones a ti mismo (y a los demás), y sigas tratando de ser más resiliente.

Es importante que no pierdas los momentos de tu vida por estar ocupado viviendo en otro tiempo; tal vez un tiempo que nunca ocurrió.

Ahora me considero exitosa, no porque jamás meta la pata (créeme, lo hago a menudo), sino porque ya no afecta a mi monólogo interno durante días. No es que no me duela, soy igual de sensible que cuando era una niña, cuando uno de mis compañeros llevaba la cuenta de cuántos días seguidos lloraba

---

17. Sin embargo, diré que no es muy frecuente divertirse en una fiesta de Hollywood, porque todos los genios creativos eran los niños raros de la escuela. Éramos los que nunca íbamos a los bailes, y si íbamos, nos quedábamos parados contra la pared del gimnasio. A menos que estuviéramos con otro grupo de frikis de teatro, y luego podíamos comenzar a practicar la coreografía de *Pippin.* De todos modos, buena parte de Hollywood es un grupo de introvertidos y obsesivos, por lo que las grandes ocasiones sociales no es lo nuestro.

en la escuela.[18] Pero hoy en día, mis sentimientos se curan mucho más rápido que antes.

Busca compasión para ti mismo.

Busca perdón para quienes piensas que te han herido.

Busca resiliencia para seguir compartiendo tu maravilloso ser con el mundo. No perfecto ni exento de cicatrices, pero todavía en el juego.

Vamos a jugar, Superman.

El experimento de 15 minutos

¿Puedes pensar en un momento en el que malinterpretaste un comentario? ¿Cuando pensaste que te ignoraban después de saludar, y en realidad simplemente no te veían? ¿Cuando fuiste autocrítico sobre algo que otros ni siquiera advirtieron? ¿Puedes perdonarte a ti mismo y a los demás por tomar las cosas demasiado personales? ¿Puedes perdonarte a ti mismo y a los demás por la mala comunicación? Si estás dispuesto, tal vez puedas escribir o decir una pequeña bendición a tu antiguo yo, y también a aquellos que te hirieron, con o sin intención.

Qué pasaría si...

¿Qué pasaría si cada crítica que has recibido hubiera tenido la intención de ser un comentario neutral, o incluso un cumplido?

---

18. No conozco el número exacto, pero estoy segura de que fueron muchos. Yo era una niña bastante preocupada y deprimida, y a mediados de los años 70, lo único que la gente decía al respecto era «Ella es tan sensible».

16. Reglas estúpidas

Quiero invitarte a renovar tu esquema moral.

Puede que, mientras leas este libro, haya momentos en los que pienses: «Joder, esta chorrada del trabajo interno puede trastornarte».

Piensas que has comprado un libro sobre gestión del tiempo o autosuperación, lleno de pequeños trucos y consejos alegres que mejorarán tu día a día.

Y es así (¡bien hecho!). Pero quizás adviertas que en el libro hay una revolución silenciosa que va como una corriente subterránea.

Algo que puede trastocar tu mundo.

Algo subversivo.

Algo incluso… anárquico.

Si estás estancado en tu vida, lo que te mantiene así en realidad no tiene nada que ver con lo que haces o dejas de hacer con tu tiempo. Se trata de lo que piensas y crees sobre el mundo.

Es muy probable que se deba a que te han enseñado a obedecer reglas que, a falta de un mejor término, son puras patrañas. Y una vez que te des cuenta de todo lo que has debido creer y cuántas reglas estúpidas y opresivas has estado obedeciendo, podrías enfadarte.

Según han dicho antes que yo tantas mujeres sabias: la verdad te hará libre. Pero primero te cabreará.

¿Puras patrañas? ¿O principios valiosos?

De las siguientes afirmaciones, ¿cuántas te enseñaron? ¿Cuántas crees que son verdad? Más importante aún, aceptarlas de forma incuestionable, ¿de qué modo ha impedido tu libertad, tu crecimiento personal y tu felicidad?

NOTA: no te des «una puntuación». Esto no es un test de la *Cosmopolitan*. Este es un momento de indagación propia, para que veas cuáles de estas creencias y mandatos resuenan contigo, y cuáles pueden haber estado ejerciendo un control invisible sobre tus decisiones. No se trata de correcto o incorrecto. Todas estas afirmaciones son, o pueden ser, válidas en algunas instancias e inválidas en otras. Solo debes identificar cuáles resuenan contigo, y tal vez puedas usarlo como una oportunidad para examinar algunas de las decisiones que tomas cada día.

Las calificaciones importan.
Honra a tu madre y a tu padre.
El buen trabajo tendrá recompensa.
Si trabajas duro, tendrás éxito.
No estorbes.
Sé agradable.
Los buenos padres se sacrifican por sus hijos.
Está bien que los hombres hagan menos tareas domésticas.
Debes guardar cosas como cajas y corbatas viejas porque algún día pueden servir.
Está bien que las mujeres hagan la mayor parte de la organización de la casa (fiestas de cumpleaños, formularios escolares, compras, planificación, arreglos sociales, etc.).
Los pasatiempos no son serios ni importantes.
La gente rica es superficial.

La gente pobre es virtuosa.
No te vendas.
No seas egoísta.
El matrimonio es difícil.
No te creas la mejor.
Es importante ser atractivo, y merece la pena gastar mucho tiempo y dinero en tu apariencia física.
El divorcio es una especie de fracaso.
Guarda la vajilla, las joyas y la ropa «buenas» para ocasiones especiales.
Una mala limpieza es un signo de baja moral.[19]
Pórtate bien.
Las niñas son bonitas o inteligentes.
Los niños son débiles o fuertes.
Las personas gordas están haciendo algo mal.
Es más importante hacer cosas por los demás que hacer lo tuyo.
No seas egoísta.
No te creas tan especial.
Confesar tus sentimientos te vuelve débil.
Todo lo que necesitas es amor. El amor lo puede todo.
En realidad, ¿cuán feliz se supone que sea una persona?
Es mejor ser delgado.
La adicción es una especie de fracaso.
Sé productivo.
No tengas sexo con alguien con quien no tienes una relación comprometida.
Definitivamente no tengas sexo con extraños.

---

19. ¿Sabías que, de acuerdo con los expertos en etimología, el origen de la palabra «puta» del inglés es «mala ama de casa»? La misma raíz que las palabras «puerca» y «desaliñada». Es curioso que no pueda pensar en una palabra que conecte las habilidades de limpieza de un hombre con un comportamiento sexual promiscuo #CuantoMásSabes.

En los Estados Unidos, en general, es mejor ser un hombre blanco heterosexual.
Termina lo que está en tu plato.
Es importante que tu casa y tu oficina estén limpias y bien organizadas.
Vender es difícil. Vender es deshonesto. Vender es manipulación.
No te eches flores.
Debes tener donde caerte muerto.
Ganar dinero es difícil.
Todos trabajan para el fin de semana.
No seas demasiado provocador.
Primero termina todo el trabajo, y después podrás jugar.
Asegúrate de estar libre de culpa.
Tener éxito haciendo lo que amas es difícil de lograr.
Para parecer o verte «profesional» debes vestir de cierta manera.
No estés en desacuerdo con la gente. Es de mala educación.
Los hombres son exitosos; las mujeres, agradables.
La vida es corta: toma las cosas buenas mientras puedas.
Es muy importante estar al tanto de las últimas tendencias de peinado, maquillaje y moda.[20]
Es malo tener arrugas.

---

20. ¿Te imaginas que las mujeres, sencillamente, dijeran que no a todos los procedimientos y procesos de belleza que la mayoría de los hombres no hacen? ¿O que dejaran de comprar tanta ropa y todos esos accesorios (los estoy viendo: fajas, medias y tacones) que los hombres no tienen que comprar? Tal vez tuviera cierto efecto en la economía. Podría hacer que prepararse para el trabajo por la mañana fuera mucho más rápido. Y entonces, tal vez podríamos *facilitar* el tema de la belleza y la moda para quienes se interesan por ellas (de modo que cualquiera que en verdad *disfrute* arreglándose y usando maquillaje y ropa pueda estar cómodo al hacerlo, sin importar la edad, el género, el tamaño o lo que sea, sin experimentar ninguna reacción negativa), mientras es opcional para quienes no lo hacemos. Yo estoy entre estos últimos, aunque disfruto de un buen labial rojo. Un clásico.

¿Te genera sensaciones? Sí. A mí también.

En su mayoría, esta lista me hace querer llorar, gritar y tirar el patriarcado, y tal vez hacer lo mismo con el matriarcado opresivo (la vergüenza que pasa de madre a hija; la historia de algunas mujeres que no se apoyan). Quizás una de las razones por las que el movimiento feminista estadounidense jamás ha tenido el éxito que debería es porque muchas de nosotras (yo incluida) no pudimos encontrar la manera de ser fuertes y pedir lo que queríamos, mientras seguíamos siendo «atractivas» y «agradables» al mismo tiempo.

«Pero tienes que ser agradable», dice esa estúpida regla interna. «¡Es lo más importante!».[21] Y yo, por mi parte, me lo creí.

¿Qué pensarán los demás?

Para varios, esta no ha de ser la primera incursión en la autoayuda; ya habrán trabajado mucho en sí mismos y en su mentalidad, y examinado las formas en que han sido programados para creer en pensamientos que los limitan. Pero lo que he notado a lo largo de más de veinte años trabajando con personas con un alto grado de inteligencia, y con un alto grado de inteligencia emocional, creatividad y, en general, de excelencia es que, incluso con la terapia, los talleres y el desarrollo personal, muchos seguimos estando fuertemente comprometidos con comportarnos como niños buenos.

Todavía tenemos miedo de lo que puedan pensar los otros.

---

21. ¿De verdad queremos decir «agradables»? ¿O queremos decir «follables»? Un amigo que responda.

Tenemos miedo de expresar nuestra opinión en público.
Tenemos miedo de que otros piensen que somos egoístas, raros o ambas cosas.

Entonces, es más importante ser bien vistos que arriesgarnos a agitar las aguas para progresar en la vida. Es más importante cocinar *brownies* para la feria que escribir nuestra novela. Es más importante que sepamos con detalle las estadísticas de nuestro equipo favorito que entender lo que está pasando en la vida interna de nuestro hijo adolescente.

¿Qué has sacrificado en nombre de ser fiel, agradable o prudente? ¿Qué has ganado siendo fiel, agradable o prudente?

Empatía y curiosidad

Una vez que te acostumbras a cuestionar las creencias con que te adoctrinaron desde un lugar de empatía y curiosidad, quizá puedas comenzar a recibir de ese mismo modo las de los demás.

La próxima vez que no estés de acuerdo con alguien, podrías encontrarte diciendo: «Es interesante; cuéntame más sobre por qué lo crees». Y podrías seguir investigando hasta que te des cuenta de que, aunque sigas sin estar de acuerdo, compartes el deseo de entender al otro. Y eso construye un puente.

Quiero que dejes de ser tan reactivo hacia los demás. Quiero que dejes de estar tan seguro de lo que juzgas sobre cómo debería ser, lucir o sentir otra persona. Quiero que abordes los desafíos con buen humor y paciencia y, sí, con empatía y curiosidad.

Si en este momento estás asintiendo y sonriendo, sintiéndote un poco santo porque crees que ya lo controlas, te invito a pensar acerca de cómo hablas sobre el candidato político que aborreces, o el familiar que te traicionó. ¿Ves? Incluso los sabios pierden la perspectiva en ocasiones, por lo que merece la pena continuar con este trabajo.

El experimento de 15 minutos

1. Escribe cinco reglas que rompes con regularidad, cinco reglas que te gustaría romper y cinco que crees que hay que obedecer. Si te sientes bien con eso, tal vez puedas crear una historia o dibujo sobre ti y tus reglas.
2. Si alguna de las afirmaciones de la lista anterior te hace parpadear rápido y pensar: «Un minuto, ¡pero eso es VERDAD!», entonces te invito a pasar 15 minutos investigando esa afirmación en particular. Escribe sobre por qué es una técnica útil de lavado de cerebro. Tal vez puedas hacer un garabato de 90 segundos sobre algunas de las ocasiones en las que es verdad, y otras en las que no lo es. En otras palabras, pasa 15 minutos buscando la sutileza, la poesía, el sinsentido y la humanidad en lo que, hasta ahora, ha sido una etiqueta incuestionable que has pegado en el coche.

Qué pasaría si...

¿Qué pasaría si solo hicieras 14 minutos hoy? ¿Y si lo llevaras a 16? (En otras palabras: ¿en qué punto seguir las reglas te está deteniendo?).

17. Abraza la vida correcta

Es probable que te hayan dicho que eres perfecto tal como eres. Al menos, habrás visto el meme. Y que vales por lo que eres. Que eres hermoso y digno de amor, sin importar cómo seas o lo que hagas. Pero el mundo no hace demasiado por reforzar esa idea. Y aunque lo hiciera, algunos somos tercos.

Yo. Yo soy terca. Tal vez tú también lo seas.

No importa cuántas lecciones reciba (y dé) sobre el amor propio, en ocasiones aún tengo la sensación de que necesito trabajar más, hacer más ejercicio, ser más encantadora, ganar más dinero y estar en un estado constante de agotamiento para justificar mi existencia.

Estar *ocupada* es un narcótico fabuloso. «Ocupada» significa que lo valgo. «Ocupada» significa que soy necesaria e indispensable. «Ocupada» solía ser mi identidad.

Cuando mis amigos comenzaron a tener hijos (y por lo tanto, entraron en un mundo completamente nuevo de «ocupación» y «agotamiento»), sentí que era mi obligación aprovechar al máximo cada momento. Después de todo, no me consumían las necesidades diarias de un bebé, entonces ¿cuál era mi excusa? Debo trabajar. Debo probarle al mundo lo que valgo. Luego, el viaje de la infertilidad se apoderó de mi vida (una historia para otro momento), y en simultáneo, lo mismo sucedió con el hambre de demostrar que era una persona valiosa.

Si no podía ser madre, mejor ser algo importante. De lo contrario, ¿de qué servía? ¿Cuál era mi legado? Así que trabajé tan duro como pude para triunfar en Hollywood. Esto, sin contar ciertos momentos de pura alegría, fue un ejercicio diario de futilidad, frustración e impotencia. Me refiero a que hay por lo menos un estudio que demuestra que haber ganado dinero como actriz del sindicato me coloca dentro de una pequeña minoría de artistas (y mucho más por haberlo hecho de forma consistente durante más de veinte años).

Entonces, ¿dónde me ubica este discurso? El discurso sobre una persona que se esforzó para triunfar en una de las industrias más difíciles; que se esforzó para quedar embarazada y no pudo; que se esforzó para escribir libros; que se esforzó para formar su propio negocio y continúa haciéndolo.

Me coloca en un lugar donde se da por sentado que las decisiones que he tomado y la forma en que mi vida se ha desarrollado deben ser correctas.

Lo que digo es que lo que pasó, pasó. Y hasta donde sabemos, no hay una versión alternativa de la realidad. Entonces lo abrazamos, lo consideramos correcto. La vida se desarrolla. Por lo general, no de la manera que esperábamos. Pero el hecho de que las cosas no salgan según lo planeado, no significa que no salgan bien.

Ahora bien, me pongo algo tensa cuando la gente habla de «destino» o de algo «destinado a ser», porque implica cierta falta de agencia. Además, me niego a creer que cualquier tragedia esté predestinada por una fuerza divina. Los niños hambrientos del mundo no están así debido a su falta de mentalidad positiva, ni porque Dios no los quiera.

A veces, hay personas con buenas intenciones que dicen: «Todo pasa por una razón». Lo que veo es que todo pasa. Y también veo que podemos decidir cuál es esa razón.

Entonces, en su lugar tal vez podríamos decir: «Todo lo que sucede es una oportunidad para que adquieras mayor comprensión de los misterios de la vida».

Y ya que estoy aquí sobre la tarima, también me gustaría cuestionar el concepto de «manifestar» y «atraer» cosas. En parte, porque huele mucho a «culpar a la víctima». Si afirmas manifestar cosas con tu increíble poder mental, entonces estás insinuando que quien no puede hacer realidad sus deseos, es porque no lo está haciendo bien.

Creo que hay una parte verdadera sobre la idea de manifestar, y es que una de las cosas que tu cerebro hace mejor es encontrar lo que le dices que busque (y *ese* es un increíble poder mental). Así que, si estás buscando activamente un lugar bonito, sombreado y en el que se puede aparcar gratis, tienes más posibilidades de encontrarlo. Y si estás buscando evidencia de que eres amado, también la encontrarás.

De manera similar, si estás buscando evidencia de que te es imposible encontrar empleo, o que el mundo está en tu contra, o que las personas de otras culturas están tratando de fastidiar tu forma de vida, también lo encontrarás.

Las historias que nos contamos

Podría decirme que todos esos años en Hollywood fueron un desperdicio, o que fui razonablemente exitosa en un campo con un alto grado de competitividad.

Podría decirme que no poder tener hijos me hace un fracaso, o podría tomarlo como un aprendizaje y vivir en paz con aquello que está fuera de mi control.

Estos últimos años he estado enferma, casi postrada en la cama. Podría decirme que he perdido casi dos años por esto, o podría usarlo para aprender acerca de ir más lento, aceptar ayuda y encontrar la paz interior.

Así se vive una vida sin remordimientos: no evitando cometer errores, ni haciendo que todo salga como esperas, sino preguntándote: «¿Qué me está enseñando de valioso esta situación?».

De nuevo, veo que solo hay una versión de mi vida. Así que, por defecto, debe ser la correcta.

¿Puedes ver eso en tu vida? Que la forma en que es… es la única manera en que podría ser, porque es lo que es.

No puedes arruinar tu vida.
No puedes fracasar.
No puedes tomar decisiones «equivocadas».

Solo puedes tomar las decisiones que tomas. Y tienen que ser correctas, porque son lo que ocurrió y lo que te llevó hasta donde estás hoy. Puedes apropiarte de los pasos que has dado.

Acordemos no arrepentirnos, ¿te parece?

En un estudio con pacientes en cuidados paliativos, casi todos confesaron que, en general, su mayor remordimiento era: «Ojalá hubiera tenido el coraje de vivir una vida más fiel conmigo mismo, en lugar de la vida que otros esperaban de mí».[22]

Preferiría una vida llena de errores, pasos en falso, giros equivocados y caídas por lo que elegí, que vivir entre la estrechez de lo que otros han elegido.

Me refiero a que, cuando ya no esté, quiero que mis sobrinos les digan a sus hijos: «Pues Sam, tu tía abuela, estaba enamorada de la vida. Siempre reparaba en el color del cielo y las fases de la luna. Nadaba en todos los cuerpos de agua que encontraba, leía todos los libros y escribía mucho. Buscaba lo

---

22. Ware, Bronnie (2024), «Regrets of the dying», consultado el 1 de marzo de 2024, <https://bronnieware.com/blog/regrets-of-the-dying>.

bueno en las personas y situaciones, y casi no se quejaba. Lloraba, comía y reía con la alegría de una persona que sabe que, aunque el amor es eterno, la vida es efímera».

Me pregunto: ¿cuál es la alternativa? Un velatorio en el que tus amigos y familiares digan cosas como:

«Siempre tenían el suelo muy limpio».
«Nunca causó problemas. Nunca».
«Siempre obedeció las reglas y jamás molestó a nadie».
«Era exactamente la persona que sus padres siempre esperaron que fuera».
«Siempre estaban muy muy muy muy muy OCUPADOS».

No. No estamos aquí para hacerlo todo a la perfección. Estamos aquí para hacerlo todo imperfecto y luego recoger ese desastre, darle un abrazo y descubrir que, después de todo, este montón de barro y brillo es perfecto, porque es nuestro, y somos nosotros.

El experimento de 15 minutos

¿Cuáles podrían ser los beneficios de las experiencias de tu vida que menos te gustan? Este experimento no está destinado a encubrirlas, ni a disminuir su horror, sino más bien a reequilibrar un poco la escala. Después de todo, sucedieron, y ahora tienes el poder de infundir un significado a lo que sucedió. Haz algunos garabatos de 90 segundos sobre ello, o tal vez puedas crear una historia de diez líneas en la que eres el valiente héroe.

Qué pasaría si...

¿Qué pasaría si perdonaras a todos por todo? Incluyéndote a ti mismo, por favor.

18. La pregunta que no estás haciendo

Imagina que estamos juntos en un aula mediana (el laboratorio «Hazlo»). El salón está lleno de personas como tú, que quieren lograr algo.

En primer lugar, ¿dónde estás sentado? ¿En la primera fila? ¿En la última? ¿En el medio?[23]

Ahora bien, imagina que el profesor (puedes imaginar que soy yo, o alguien más; quien tú prefieras) dice: «Bueno, hemos estado hablando sobre ideas y zonas de genio creativo. ¿Quién tiene alguna pregunta?».

Se hace el silencio. Nadie, en apariencia, tiene una pregunta. El profesor espera, expectante. El silencio crece. Ahora, y esto es muy importante, ¿qué estás pensando en el silencio?

Con frecuencia los pensamientos podrían ser:

«En realidad no tengo una pregunta».
«No quiero demorarlo».
«Estoy bien».

---

23. Si fuera yo, es probable que estuviera en el rincón de atrás, debido a años de «las personas altas van al fondo» (mido casi un metro ochenta) y porque me gusta poder ver a todas las personas del aula, incluso si es desde atrás. También, de preferencia cerca de una puerta, ya que soy ridículamente tímida, y si se activa mi ansiedad social, podría necesitar una salida rápida.

«Dejaré que alguien más vaya primero».
«¿Por qué está tan callado? ¡Ay! ¿Me he perdido algo?».
«No sabía que teníamos que pensar una pregunta».
«Ojalá se me ocurriera una buena pregunta».

Por favor, tómate un momento y escribe la frase exacta que está en tu cabeza mientras no le haces ninguna pregunta al profesor.

Esta es la gran revelación: la razón por la que no estás haciendo una pregunta es exactamente la misma por la que te atascas.

Piensa:

- ¿Silencias tu voz interior?
- ¿Temes ocupar espacio y tiempo?
- ¿Te resulta importante parecer completamente competente o autosuficiente?
- ¿Te colocas al final de la fila?
- ¿Te distraes y pierdes las señales?
- ¿Sientes que la vida es un gran examen sorpresa?
- ¿A menudo te exiges un estándar imposible de tan alto, incluso cuando no hay nada en juego?

Si esta situación imaginaria particular no te ilumina demasiado, quiero que hagas una nota mental y veas si hay otras interacciones normales y cotidianas que puedan revelar un patrón de pensamiento que te autolimite. Por ejemplo, en el supermercado jamás acepté que el chico de las bolsas me ayudara a llevar las bolsas al coche. Ni siquiera cuando tenía una pierna rota; lo que es sencillamente ridículo. Entonces, la verdadera pregunta es: ¿En qué punto el reflejo de responder «No gracias, yo puedo» se interpone en otras áreas de mi vida? ¿Qué pasaría si aceptara la ayuda, incluso si no la «necesito»?

Toma nota de tus ideas aquí y ve si te surge algo más en los próximos días.

Nunca sabes a dónde te puede llevar una burbuja.

El experimento de 15 minutos

Piensa en cuándo y cómo te silencias. ¿Qué te enseñaron de niño sobre hacer preguntas? ¿Qué crees que podría pasar si haces una pregunta «tonta»? ¿Por qué sientes que el silencio es seguro? Siéntete libre de escribir sobre esto, o de solo reflexionar al respecto. También puedes dibujar, hacer garabatos, inventar una pequeña canción, crear un GIF, lo que te dé la gana.

Qué pasaría si...

¿Qué pasaría si te tomas un respiro y cuentas hasta cinco antes de decir la pregunta de tu mente o la verdad de tu corazón?

19. Motivación y recompensas

Una vez tuve una cena larga y deliciosa con un grupo de amigos. Entre ellos, había varios guionistas premiados, algunos escritores de televisión (uno de los cuales también escribía libros), un actor principal de una serie y un fotógrafo. Un grupo de gente inteligente y artística. En un momento de la noche, alguien dijo: «¿Qué cosa podrías decirle a cualquier hombre, en cualquier lugar y en cualquier momento, que haría que se levante y te acompañe fuera de la habitación?»[24].

«¿Sexo oral gratis?», propuso alguien.

«Pero eso no funcionaría si fueran célibes», replicó otro.

«¿Qué opináis de: "Te daré un millón de dólares si vienes conmigo ahora mismo"?».

«Puede ser. Pero ¿qué ocurre si ya son multimillonarios?».

Lanzamos algunas otras ideas y, por fin, el más inteligente dio una respuesta desopilante: «Oye, unos amigos y yo estamos destrozando algunas cosas… y después las vamos a hacer volar».

Todos nos reímos al coincidir en que nadie conocía a una persona que se identificara como hombre y pudiera

24. Esto sucedió a principios de los años 2000, cuando sutilezas como «cisgénero» y «hombre», «apariencia masculina» y «masculino» no formaban parte de la conversación diaria, así que, por el bien de la historia, os pido que disculpéis nuestras generalizaciones.

ignorar esa invitación (aunque varias mujeres tampoco lo harían).

Luego iniciamos una conversación larga y retorcida, que duró varias botellas de vino, sobre qué se le podría decir a una mujer para que nos acompañara fuera de la habitación, sin importar de quién se tratara.

Nuestra mejor respuesta fue: «Tu mejor amigo está fuera y necesita tu consejo».

No solo fue una conversación muy divertida, sino que terminamos con una especie de «concepción» bastante corroborada acerca de que algunos están más interesados en la acción y otros, en las relaciones.

Las personas tienen diferentes motivaciones, expectativas sobre las historias y formas de comunicarse. Cuanta más atención pongas a las tuyas (y a las de los demás), más fácil será triunfar.

El experimento de 15 minutos

Escribe los nombres de cinco personas con las que trabajes o vivas, y lo que piensas que las motiva. ¿Qué estilos de comunicación prefieren? ¿Qué invitación les resultaría irresistible?

¿Y a ti? ¿Cuáles son las motivaciones, los estilos de comunicación y las recompensas que prefieres?

Encuentra una manera de verificar tu suposición, por ejemplo, preguntándoles directamente. O conviértete en espía y obsérvalos de cerca. Cuanto más entiendas sobre su funcionamiento interno, más ventaja tendrás sobre tus compañeros de trabajo, amigos y familiares. Además, puede que descubras nuevas formas de enseñarles a interactuar contigo de manera más efectiva.

Qué pasaría si...

¿Qué pasaría si el don que tienes para la sutileza hoy te resultara útil?

20. ¿Te duele?

Una vez, fui a una clase de gimnasia horrible. Nos pidieron que hiciésemos una especie de «paso de oso» marcha atrás, y fue terrible. Sudaba y casi de inmediato se me puso la cara roja. Los más jóvenes de la clase (que eran la mayoría) parecían no tener demasiado problema con este movimiento, pero yo iba despacio y tambaleándome a medida que perdía fuerza. Mientras los demás avanzaban como osos ágiles, yo me sentía vieja, corpulenta y tonta. Me frustré y las lágrimas empezaron a caer por mi cara sudada.

Pensé dos cosas:

Pensamiento 1: podrías simplemente ponerte de pie, irte al coche y volver a casa. O sea, les estás pagando para estar aquí. No tienes que hacer esto. Tómatelo con calma esta vez, ¿por qué no?

Pensamiento 2: si abandonas, te estarás perdiendo algo. Puedes ir despacio. Puedes hacerlo mal. Pero no te rindas. Mereces saber si puedes superarlo.

Estos dos pensamientos combatían en mi cabeza, hasta que la entrenadora se acercó y vio mi expresión de angustia. «¿Te duele?», me preguntó, «¿o solo te resulta difícil?».

¿Te duele?
¿O solo te resulta difícil?

La miré desde mi incómoda posición de oso marcha atrás.

«Solo me resulta difícil», respondí.

«Bien», dijo ella.

Y se alejó.

Pienso en esta historia a menudo, en especial cuando yo, o uno de mis clientes, quiere darse por vencido.

Porque si te duele, deberías parar y buscar ayuda. Si te duele, ese dolor es una señal importante que no debes ignorar.

Pero si solo es difícil... bueno, quizás, citando las inmortales palabras de Tom Hanks, en su papel del entrenador Jimmy Dugan en *Un equipo muy especial*: «Se supone que debe ser difícil. Si no lo fuera, todos lo harían. Lo difícil lo hace grandioso».[25]

Puedes hacer cosas difíciles. También puedes hacer cosas fáciles.

Pero lo difícil te hace grandioso.

El experimento de 15 minutos

Toma algunas notas sobre cosas difíciles que hayas hecho en tu vida. Seguro que hasta has hecho cosas que otras personas consideraban imposibles. ¿Cuáles son las cualidades que te ayudaron a superarlas? ¿Estás pensando en darte por vencido en algo? ¿Te duele? ¿O solo es difícil?

---

25. Hanks, Tom (2024), «A league of their own», clip de audio, consultado el 5 de febrero de 2024, <https://movie-sounds.org/famous-movie-samples/quotes-with-sound-clips-from-a-league-of-their-own/it-just-got-too-hard-it-s-supposed-to-be-hard-if-it-wasn-t-hard-everyone-would-do-it-the-hard-is-what-makes-it-great>.

Qué pasaría si…

¿Qué pasaría si reconocieras la profundidad y amplitud de tu poder personal?

21. «Agobiado» en realidad significa...

La falta de precisión en tu vocabulario te cuesta más de lo que piensas.

Resulta que soy una gran fan de usar todas las palabras que estudié para el examen de admisión de la universidad cada vez que puedo, pero no tienes que ser un friki de las palabras para cosechar los beneficios de usar un mejor vocabulario.

Hay algunas palabras que ahora significan demasiadas cosas; «agobiado» es una de ellas.

Después de todo, hay una gran diferencia entre sentirse agobiado porque estás «colapsado de trabajo», en contraposición con «estar furioso con un compañero» o «molesto por el olor que viene de la cocina».

Otras definiciones de «agobiado»

Realicé una encuesta informal sobre lo que la gente quería decir (o cómo se sentían) cuando usaban la palabra «agobiado», y encontré respuestas fascinantes:

preocupado	sepultado
cargado	ansioso
molesto	arruinado

con una furia mal contenida
sin aire
aburrido
sin respiro
en bancarrota
sin un momento para mí
roto
confundido
desanimado
congestionado
abarrotado
fatigado por tomar decisiones
agobiado
desregulado
insatisfecho
sin saber por dónde empezar porque todo me convoca al mismo tiempo
sin hablar el idioma
ahogándome
envidioso
con las cosas llegando con la misma intensidad
sintiendo que no soy lo bastante inteligente para conseguir lo que quiero
sintiéndome fuera de control
exhausto
inundado
helado
jodidamente furioso
con nuevas reglas y sin introducción
sin un momento libre en mi mente
sin nada bueno que esperar
furioso
demacrado
con el corazón roto
sin lo básico
como si hubiera patos picoteándome hasta morir
como si otros estuvieran definiendo mis prioridades
marginado
oprimido
superado
saturado
paralizado
impotente
resentido
resistente
inquieto
con falta de oxígeno
con menos brazos de los necesarios

somnoliento
con muchas obligaciones y ningún deseo
sofocado
atascado
devorado
embarrado
nadando contra la corriente en aguas muy profundas
con demasiados sentimientos
con mucho por hacer y pocos recursos para hacerlo
con unos zapatos demasiado apretados
incapaz de concentrarme
desestimado
subestimado
inadaptado
sin apoyo

Causas subyacentes del agobio

Lee las siguientes frases y comprueba si alguna resuena con tus sentimientos:

- ¿Estás pensando en una idea que tiene demasiadas incógnitas? Pero como no investigas, ¿te paralizas?
- ¿Estás pensando en una idea con demasiadas variables? Pero como no intentas simplificarla ni dar pasos más pequeños, gradualmente, ¿giras en falso?
- ¿Te has convencido de que tu idea podría resultar incómoda para otras personas y, por lo tanto, deberías olvidarla? Salvo que sigue sin dejarte en paz.
- ¿Has superado tus condiciones actuales, pero tienes miedo de seguir adelante?
- ¿Estás pensando en una idea que sería más fácil de manejar si fuera diez veces menor? Por ejemplo: quieres escribir un libro, pero te asusta, entonces tal vez podrías comenzar escribiendo una publicación en redes sociales y ver cómo te va.

- ¿O tal vez estés agobiado porque en realidad no te sientes desafiado, y tu idea (o tu vida) te está matando de aburrimiento? En ese caso, tal vez sea hora de hacer tu idea diez veces mayor.
- ¿Debes tener una conversación difícil con alguien?
- ¿Te aburres y necesitas un nuevo desafío?
- ¿Tienes algo que confesar?
- ¿Tienes un amigo que en este momento no se está comportando como un buen amigo?

Cuando eres capaz de articular lo que en verdad te pasa, puedes comunicarlo; sobre todo a ti mismo, pero también a los demás. Una vez que puedas decir con claridad qué es lo que te molesta en realidad y qué es exactamente lo que estás buscando, se vuelve mucho más fácil tomar decisiones que te ayuden y que otros lo hagan.

El experimento de 15 minutos

Encuentra algo recurrente en tu rutina que te lleve tiempo y no estés obligado a hacer, y elimínalo de forma permanente.

Qué pasaría si...

¿Qué pasaría si el día fuese mucho más largo?

22. Todos lo hacen lo mejor que pueden

Todos lo hacen siempre lo mejor que pueden con la información que tienen en un momento determinado. Siempre lo has hecho lo mejor que podías a partir de la información que tenías en ese momento. No puedes culpar a alguien por no saber más de lo que sabe.

Cuando tu hijo te grita «¡TE ODIO!», lo perdonas, ¿verdad? Aunque sientas que tu hijo está dando un horrible espectáculo de ingratitud y (yendo al meollo) puedas sentirte herido, lo perdonas. Te esfuerzas por no gritarle de vuelta. Respiras hondo y entiendes que el niño está en medio de una profunda frustración y que se le pasará.

Todos somos ese niño. Tú eres ese niño. Yo soy ese niño.

No puedo ni mencionar cuántas veces, viendo a un niño encorvado por la rabieta en medio del supermercado, he pensado: «Sí. Lo entiendo completamente. Yo también me siento así a veces». Y cuando mi propia voz interior tiene una rabieta (por lo general, una cacofonía de desprecio a uno mismo, victimización y feroz autocrítica), trato de llevar esa compasión hacia mí: «Te entiendo, vocecilla enojada de Sam. Te escucho. Te veo».

Ser el testigo iluminado

Los emergentólogos y los especialistas en trauma nos dicen que lo más útil que una persona sin entrenamiento puede hacer por alguien que está alterado (desde una pequeña herida hasta alguien que acaba de salir de una explosión) es acompañarlo. Sentarse tranquilamente cerca de esa persona. Respirar. Validar. Mantener contacto visual con delicadeza y decir: «Te escucho. Te veo». Ser, como dijo la famosa psicoterapeuta Alice Miller, «un testigo iluminado».[26]

Así que, si alguna vez has visto a un amigo afligido o a un desconocido alterado, y has dudado en intervenir porque has pensado «No sé qué decir», quizás te ayude saber que en realidad no tienes que decir nada. Solo tienes que estar presente, validar, mantener la calma y ser testigo.

Por supuesto, es mucho más fácil ser un testigo iluminado cuando esa alteración no está dirigida hacia *nosotros*. Cuando alguien se altera con nosotros, queremos defendernos. Pero como dice Byron Katie (una de mis maestras en desarrollo personal y una de las personas que más me ayudó), «la defensa es el primer acto de guerra».[27] En otras palabras, cuando alguien nos está atacando, insultando, criticando o protestando en nuestro territorio, puede resultar difícil recordar que una opción disponible es decir: «Sí. Te escucho. Tal vez lo que dices sea verdad».

---

26. Miller, Alice (1997), «The essential role of an enlightened witness in society», consultado el 1 de marzo de 2024, <https://www.alice-miller.com/en/the-essential-role-of-an-enlightened-witness-in-society>.

27. Byron Katie suele repetir con frecuencia esta cita en sus redes sociales. Por ejemplo, 17 de mayo de 2023: «La defensa es el primer acto de guerra». ¿Por qué esto sería cierto? Besitos, B. K. ♥, <https://www.instagram.com/p/CsWu7tiMM3T>. También aparece en varios de sus programas de audio y libros.

Se trata de algo que te trastoca de verdad, hasta que recuerdas que discutir con alguien que está enfadado contigo jamás te ha ayudado a resolver nada. Solo conduce a más gritos.

Imagina, por ejemplo, a un grupo de manifestantes en contra de algo que se topa con otro grupo a favor de algo, y que, en lugar de gritar y blandir carteles, se sientan, se enfrentan y dicen: «Sí. Te escucho. Crees que esto está mal. Veo que esta idea te molesta mucho. Cuéntame más sobre cómo te sientes», o «Sí. Te escucho. Crees que esto está bien. Cuéntame más al respecto».

«A veces»

Creo que una de las expresiones más hermosas de nuestro idioma es «a veces». Sirve a la perfección cuando te acusas a ti o a alguien más de algo. Por ejemplo, si estás a punto de decir o pensar «¡Eres tan estúpido!», puedes hacer un pequeño truco mental agregando «a veces».

Entonces, ahora la frase es «Eres tan estúpido a veces».

Y lo cierto es que todos podemos estar de acuerdo con esto. Sí. Soy tan estúpido a veces. Y otras veces soy brillante.

Intenta agregar «a veces» a cualquier crítica, y observa cómo pierde fuerza.

Todo comentario crítico es amor

Mi padre siempre fue una persona muy crítica. Conocía la manera correcta de hacer algo, y no dudaba en corregirte si veía que no lo estabas haciendo de esa forma. Tenía opiniones fuertes sobre todas las cosas (incluso aquellas sobre las cuales no tenía ningún tipo de experiencia). Era el clásico *mansplainer*, de la vieja escuela, y como era alto, inteligente y guapo, con voz profunda y resonante de locutor, pocos lo cuestionaban o lo desafiaban. Así que pudo vivir su vida en una burbuja en la que siempre tenía la razón y el resto del mundo estaba, según él, irremediablemente equivocado.

Su mayor elogio posible era «Bueno, no lo has hecho tan mal, ¿verdad?». Eso es lo que dijo sobre mi primer trabajo en Hollywood como invitada a una exitosa comedia, y también cuando se publicó mi primer libro, cuando mi hermana le dio los nietos más maravillosos del mundo y cuando mi hermana menor se recuperó de su adicción.

Después de años de terapia y trabajo personal, pude ver que la crítica era en realidad su lenguaje de amor. Él pensaba con sinceridad que esos consejos que nadie le había pedido eran de ayuda. Una vez que pude verlo así, sus duros juicios se volvieron medio dulces, en lugar de hacerme sentir mal conmigo misma. Mis hermanas y yo aplicamos un chiste interno: no importaba lo que hiciéramos, dijéramos o compráramos para él, nunca iba a estar bien.

Poco antes de que mi padre ingresara en cuidados paliativos, pasamos una fabulosa tarde juntos. A petición suya, yo había comprado una langosta enorme que nos comimos entera, con la mantequilla chorreando por nuestras barbillas. A esto le siguió su postre favorito: una barra helada de Milky Way y una Coca-Cola. Bromeamos, contamos historias divertidas y vimos la tele. Él era su mejor versión, jovial y encantador (incluso aunque encontró una manera de criticar la forma en que partía la langosta).

Al día siguiente volví a verlo, y otra vez comenzó de buen humor. Pero luego empezó a atacarme. Criticó mis decisiones de vida, incluido haber elegido abandonar la Universidad Northwestern treinta y cinco años atrás para convertirme en actriz, lo cual, según él, «me arruinó la vida». Hizo comentarios injustos y crueles sobre mis exmaridos. También lanzó algunos vilipendios casuales sobre mis hermanas y dijo ciertas cosas sobre sus vecinos, el gobierno y algunas de sus exesposas.

«Está bien», pensé. «Se está muriendo y está asustado, y esta es su manera de mantener el control». Así que solo asentí y dije con suavidad: «Bueno, sí... a veces eso es cierto».

Luego comenzó a criticar mi peso. Ha criticado mi cuerpo sin cansarse toda mi vida.[28] Habló y habló sobre lo gorda que estaba y cómo le molestaba verme así.

Sentí cómo me encogía por dentro, me permití tener una sensación de menosprecio y vergüenza.

En un intento desesperado por mantener mi cordura, comencé a imaginar que tenía un traductor de idiomas intergaláctico en el medio de la frente (como en esos programas futuristas de temática espacial, donde los alienígenas pueden entenderse entre sí por arte de magia). Y mientras él hablaba y hablaba sobre lo horrible que yo estaba, seguí pensando: «Te está diciendo que te quiere. Esta es la única manera en la que sabe hacerlo. Ten paciencia. Te quiere».

Me senté, lo miré hablar y continué casi hipnotizada con mi mantra: «Te quiere. Te está diciendo que te quiere. No pongas atención a sus palabras. Te quiere».

Al final, terminó su arenga diciendo: «Bueno... al menos no estás obesa».

Y yo le dije: «Te quiero, papá».

Él estaba haciéndolo lo mejor que podía con la información que tenía, y yo también.

Él era terrible y maravilloso y terrible.

Y era nuestro padre.

---

28. En una ocasión, cuando todavía estaba en la escuela secundaria, me ofreció cincuenta dólares por cada dos kilogramos que perdiera, lo cual era (y es) mucho dinero. En ese momento, yo medía 1,55 metros y pesaba 62 kilos, un peso totalmente saludable.

El experimento de 15 minutos

Piensa en esto: ¿hay alguien en tu vida que use, o haya usado, la crítica como un lenguaje de amor? ¿Tal vez lo hagas tú? ¿Puedes traducir o reinterpretar esas críticas? Quizás «Eres perezoso» se traduzca como «Me preocupa que no tengas un trabajo que te apasione». O tal vez «Estás feo» signifique «Te veo tan guapo que tengo que disfrazar mis verdaderos sentimientos».

Qué pasaría si...

¿Qué pasaría si cada crítica que recuerdas también representa un cumplido que has olvidado, ignorado o descartado?

23. Agobio y depresión

Con frecuencia, uno de los síntomas de quienes sufrimos depresión y ansiedad es el agobio.

Una llamada telefónica sin contestar.
Los impuestos (en realidad, cualquier tipo de formulario oficial).
Pensar en una conversación difícil.
Contemplar el futuro.
Que nos pidan indicaciones en una esquina.

Cualquiera de estas situaciones, en apariencia inocentes y sin mayores dificultades, pueden hacer que la mente deprimida se apague por completo y quiera regresar a la cama por el resto de la eternidad.

Entonces, hay gente bien intencionada que señala: «Pues, ¿sabes que dicen que hacer ejercicio es tan efectivo como los antidepresivos? ¿Por qué no sales a correr?».

También puedes probar rezando.
O con una dieta sin gluten.
O dormir más.

Gracias, qué serviciales. Han hecho que mi mundo interior (en el que ya estoy convencida de que todo es culpa mía) sea un lugar aún más oscuro y autopunitivo.

Lanzar piedras a los dinosaurios

Como sabes, la depresión es una putada: es una enfermedad malvada, insidiosa y envolvente. Después de haber estado casi sin síntomas durante más o menos un año, estas últimas semanas han sido una turbulenta pesadilla. Me sorprendió un poco lo rápido que caí y toqué fondo.

Debido a que tengo una «depresión atípica» (que, a pesar de su nombre, es en realidad bastante común), puedo funcionar bien en situaciones públicas. La atípica no es esa clase de depresión en la que «no puedes salir de la cama y lloras todo el día». Más bien, es una depresión «dentro de una caja de cristal»: todo parece bastante normal, pero por dentro te sientes totalmente sola y disociada por completo. Hace que todo el mundo se deforme como en un espectáculo de terror con espejos convexos. Distorsionado. Solitario. Sombrío.

A pesar de todo, me mantuve firme: luché cuando pude hacerlo, y me quedé tranquila cuando no pude continuar. Recé, caminé, hice todas las cosas que la gente sugiere que hagas cuando estás deprimido (dar un paseo, hacer algo bueno por otra persona, recibir un masaje, hacer algo artístico...), lo cual es como lanzar piedras a un dinosaurio.

Al final, el cielo se despejó (ayer), y ya van 24 horas de alegría sin interrupciones.

La alegría se parece a esto: puedo saborear la comida; puedo respirar; puedo sentir gratitud real por mi vida real. Nada extravagante. Solo la asombrosa sensación de sentir energía y deseo, y de ser capaz de pensar pensamientos concretos, en lugar de pasar el día ahogándome en un mar de desprecio hacia mí misma.

Por lo general, mantendría este tipo de cosas en privado, porque es algo personal, y en muchos sentidos, no le incumbe a nadie más. Pero me doy cuenta de que, debido a lo que hago y a los libros que escribo, la gente a veces piensa que nunca tengo un mal día. Esto sería desternillante si la realidad no fuera tan trágica.

Así que, a quienes deben tomar la decisión de quedarse en este planeta verde y oceánico todos los días, sin importar cuánto duela: os saludo. Os deseo amigos comprensivos, parejas amorosas y aterrizajes suaves. Bendigo vuestra hermosa sensibilidad, vuestro corazón dolorido y la maestría espiritual que demostráis cada vez que no os dais por vencidos.

No me atrevo a ofreceros consejos. Pero os recordaré esto: la tragedia de la depresión es que te convence de que nunca, pero nunca, nunca, nunca, jamás te sentirás mejor. Y esa es una horrible y gran mentira. Te sentirás mejor. Tal vez solo un poquito mejor, pero aun así: mejor.

Y tú importas. Tú me importas.

Gracias por escuchar. Te quiero.

El experimento de 15 minutos

Escribí «Lanzar piedras a los dinosaurios» hace algunos años, como una publicación en las redes sociales, y recibí una catarata de respuestas. Algunas de ellas provenían de personas que también tienen depresión y estaban agradecidas de que las vieran; y otras, de personas que conviven con la depresión,[29] y decían que ese fragmento les había ayudado a entenderla mejor.

---

29. Todavía me sorprende un poco que algunas personas (la mayoría, de hecho) no vivan con depresión. Dado que la he tenido toda mi vida, no puedo imaginarme cómo sería. Hace poco también escuché que hay muchos que no tienen una voz en la cabeza que narra cada momento de sus vidas. Estoy pasmada.

Después de que se volviera medio viral, envié un correo electrónico a algunos CEO y dueños de empresas que conozco, recordándoles que, según la Organización Mundial de la Salud, había por lo menos un cinco por ciento de la fuerza laboral que, ese mismo día, tenía depresión.[30] Les sugerí que consideraran reconocer y hacer un esfuerzo extra para apoyar tanto a estas personas como a otras que conviven con enfermedades y trastornos invisibles.

He implementado en mi propia compañía un vocabulario específico para que podamos informarnos unos a otros cuando no estamos atravesando nuestro mejor momento, sin tener que entrar en detalles. Por ejemplo, puedo decir: «No terminé de escribir ese correo. Estoy con pocas fuerzas estos días». Mi equipo sabe que eso significa que no me siento bien y que estoy tomándome un poco más de tiempo para descansar. Soy afortunada porque, como emprendedora, puedo darnos a mí y a mi equipo la libertad para mover entregas, cambiar los parámetros de un proyecto y, en general, adaptarnos a las vicisitudes de la vida sin consecuencias excesivas. Con regularidad, nos recordamos beber agua, comer comida de verdad, dormir más o dar un paseo y priorizar esas cosas sobre las tareas de trabajo. Prefiero tener un empleado más saludable a largo plazo que uno estresado a corto plazo, ¿sabes?

Ahora bien, entiendo que quizás no estés en el ámbito del desarrollo personal, que, dentro de lo que cabe, tiene pocas consecuencias (quiero decir, ¿qué es lo peor que puede pasar si nos equivocamos, que no se escriba una afirmación? Ja. Gran cosa), pero tal vez puedas pasar quince minutos pidiendo un consejo a tu equipo, familia u organización acerca de mejores

30. Organización Mundial de la Salud (2023), «Depressive Disorder (Depression)», 31 de marzo, <https://www.who.int/news-room/fact-sheets/detail/depression>.

formas de apoyaros en términos emocionales y espirituales, con una mirada compasiva, clara y objetiva.

Qué pasaría si...

¿Qué pasaría si tu legado fuera la bondad?

24. Una perspectiva histórica

Me dedico a leer artículos que mencionan que actualmente el mundo es mucho más estresante y lleno de agobios que en el pasado. Todas las personas que conozco recuerdan los años de su infancia como «una época más simple». Pero ¿fue así en realidad?

Demasiada información en la actualidad

Todos los días escuchamos la letanía sobre las crisis mundiales en las noticias, sin mencionar las actualizaciones minuto a minuto disponibles en las redes sociales. Parece que hay demasiada información que nos inunda todo el rato.

Hay muchas noticias de las que estar al tanto. Cuando el telediario dejó de ser un programa de televisión de media hora a las seis de la tarde o las noticias de un periódico fácil de leer, y empezó a ser un ciclo de 24 horas, la información se convirtió en una parte de la industria del entretenimiento. En lugar de solo informar de eventos destacados, los medios comenzaron a exagerar todo con sufrimiento y desesperación, pues saben que es más probable que una emergencia te mantenga atento. Y cuanto más los sintonizas, más pueden cobrar por publicidad.

Ahora bien, no es nueva la idea de las noticias como entretenimiento engañoso (es tan antigua como los propios medios), pero los canales de noticias por cable, los pódcast y las transmisiones en línea las han llevado a una forma nueva, a menudo antintelectual y estresante.

Demasiado márquetin y publicidad en la actualidad

Esto ni siquiera contempla la cantidad de márquetin y publicidad que nos llega desde todos los rincones.

Lee este hermoso texto:

> *Es cierto que la sociedad materialista,*[31] *la presunta cultura que ha evolucionado bajo la tierna ala del capitalismo, ha producido lo que parece ser el límite definitivo de esta mundanidad. Y en ningún lugar, excepto quizás en la análoga sociedad que encontramos en la Roma pagana, ha habido tal florecimiento de lujuria y vanidad barata y despreciable como en el mundo capitalista, donde no hay mal que no se promueva y aliente por el bien de ganar dinero.*
>
> *Vivimos en una sociedad cuya política se dedica por completo a estimular cada nervio del cuerpo humano, y mantenerlo en el más alto nivel de tensión artificial, llevando cada deseo humano al límite y creando tantos nuevos deseos y pasiones sintéticas como sea posible, con el fin de satisfacerlos con los productos de las fábricas, las imprentas, los estudios de cine y demás.*

Impactante, ¿verdad?

Fue escrito por el monje trapista favorito de todos, Thomas Merton, en su ya clásica autobiografía, *La montaña de los siete círculos*. ¿Y adivina qué? Lo escribió en 1948.

---

31. Merton, Thomas (2008), *La montaña de los siete círculos*, Edhasa, Barcelona.

Entonces, tal vez nuestra sensación de estar oprimidos por el márquetin del deseo fabricado tampoco sea un acontecimiento reciente.

Y los niños de hoy en día... no se parecen a nosotros

A lo largo de la historia de la humanidad, es posible hallar incontables citas sobre «los niños de hoy en día», que no tienen moral, no respetan a sus mayores y se comportan de manera obscena. Algunas de estas citas hasta parecen demasiado perfectas, como esta, que a menudo se le atribuye a Sócrates:

> *Los cargos de la acusación son el lujo,*[32] *los malos modales, el desprecio por la autoridad, la falta de respeto a los mayores y el amor por la conversación, en lugar del ejercicio [...]*
>
> *Los niños comenzaron en sus hogares a ser tiranos, en vez de esclavos. Dejaron de levantarse de sus asientos cuando un anciano entraba a la habitación; contradecían a sus padres, charlaban delante de la compañía, devoraban los manjares en la mesa y cometían delitos varios.*

Esta cita en realidad pertenece a Kenneth John Freeman, tomada de su disertación en Cambridge sobre la Grecia antigua, entre el 600 y el 300 a. C., y publicada en 1907. Freeman no afirmó que fuera una cita directa de Sócrates o de alguien

32. Freeman, Kenneth John (1908), *Schools of hellas: An essay on the practice and theory of Ancient Greek education from 600 to 300 bc*, Macmillan and Co., Londres.

más; en cambio, «presentó un resumen propio de las quejas dirigidas contra los jóvenes en la antigüedad».[33]

De este modo, podemos concluir con seguridad que los mayores vienen diciéndoles a los jóvenes que vayan a jugar a otro sitio desde hace varios milenios.

Sigue el dinero

Entonces, hagamos un resumen:

Las noticias siempre son malas, y estar recibiendo un flujo interminable no es bueno para nadie. Pero se gana mucho dinero haciéndolo, así que no terminará.

El márquetin y la publicidad compiten por tu atención y tu dinero, y la forma en que lo consiguen es convenciéndote de que no eres lo bastante bueno si no tienes lo que están vendiendo. Esto les genera mucho dinero, así que tampoco terminará.

El trabajo de los adolescentes es separarse de sus padres para poder crecer y convertirse en adultos independientes. La forma más fácil de hacerlo es eligiendo algo que confunda e irrite a los mayores. Les gusta hacerlo en grupo, para poder ser «distintos», aunque sean exactamente iguales a todos sus amigos, quienes también son «distintos». El concepto de «adolescencia» se ha convertido en una estrategia de márquetin importante, que hace ganar mucho dinero, así que eso tampoco terminará.

---

33. Quote Investigator (2010), «Misbehaving children in Ancient Times», 1 de mayo, p. 36 <https://quoteinvestigator.com/2010/05/01/misbehave>.

¿Qué hacer a continuación?

1) **No veas las noticias a primera hora.** Dedica las primeras una o dos horas de la mañana a realizar actividades saludables y reparadoras para el alma. Ya sabes: acurrucarte, sacar a pasear al perro, hablar con tus hijos mientras están en pijama, estirarte, bailar en la cocina y dedicar 15 minutos a algo que te importe. Espera para ponerte las noticias hasta que sea algo más tarde. Créeme, si ocurre algo importante, te enterarás.

   Existe una gran cantidad de datos que demuestran que la forma en la que pasas la primera hora de tu día tiene un efecto desproporcionado sobre el resto, así que, por favor, no comiences llenando tu cerebro por la mañana de historias terribles sobre atrocidades globales. Esperemos hasta la hora del almuerzo, ¿vale?

2) **Cancela tu subscripción a los correos electrónicos promocionales.** O por lo menos, crea otra casilla, o incluso una sola carpeta, para guardar este tipo de mensajes hasta que consideres que necesitas verlos. Bloquea los anuncios en línea cuando puedas. Pon atención cuando te sientas atraído a hacer compras «recreativas»; quizás puedas intentar alguna otra actividad en su lugar. Mira, me encanta comprar. En serio. Pero noto que llenar el carrito de compras con cierto desenfreno después de la medianoche no colabora a tener una mente tranquila ni un corazón alegre.

¿Pero qué pasa con el estado del mundo?

Creo que hemos permitido cierta confusión sobre el comportamiento natural de los humanos en el mundo. Como podemos *imaginarnos* con un mejor comportamiento, sentimos que deberíamos ser capaces de crear esa realidad.

Pero no es que podamos mirar atrás y decir: «Oye, ¿recuerdas cuando los hombres y las mujeres se entendían de verdad, se respetaban mutuamente y compartían el poder y los recursos de forma equitativa? ¡Volvamos allí!».

No. Nunca sucedió. Al menos no en la historia de la que tenemos registro. Ni una sola vez, hasta donde yo sé.

Tampoco podemos decir: «¿Recuerdas cuando todas las tribus se llevaban bien? ¿Cuando conocíamos a personas diferentes a nosotros y nos tratábamos con compasión y curiosidad entre todos?».

Sí, claro. No fue tan así. Al parecer, todas las tribus del planeta siempre se han referido a sí mismas como «las personas» y a todos los demás como «los bárbaros». Estamos diseñados para que nos gusten las personas que se parecen a nosotros y desconfiemos de todos los demás. Es una cuestión de supervivencia.

> «¿Recuerdas cuando había igualdad económica en el mundo?».
> «¿Recuerdas cuando nadie usaba la hambruna como una forma de controlar a las grandes masas?».
> «¿Recuerdas cuando no existía tal cosa como la corrupción?».
> «¿Recuerdas cuando no había hombres viejos y siniestros que vieran como potenciales presas sexuales a las personas más jóvenes?».

No, no, no y no.

Esta visión a largo plazo de nuestra historia sobre el mal comportamiento se me hace extrañamente reconfortante. Por supuesto, me gustaría que cambie, y hago algo cada vez que tengo una oportunidad; pero comprender que solo porque soy capaz de concebir un mundo en el que la sabiduría práctica, la correcta autogestión, la justicia y la valentía sean nuestros principios rectores no significa que pueda hacerlo realidad. Tal vez ni siquiera deba ser así.

Son más importantes otras cosas acerca de nosotros que son verdaderas, y siempre lo han sido. Todas las personas, a lo largo del tiempo:

> Queremos amar y ser amadas.
> Queremos que nuestro trabajo importe.
> Queremos que nuestros hijos sean exitosos y felices.
> Queremos comer buena comida y reírnos de buenos chistes.
> Nos lamentamos.
> Sentimos humildad.
> Encontramos placer en los detalles más pequeños.

Y nunca dejamos de trabajar por un mañana mejor, aunque sea solo durante 15 minutos al día.

El experimento de 15 minutos

Olvídate de las injusticias globales por un momento. ¿Qué puedes hacer durante 15 minutos para modificar la injusticia dentro de tu propio hogar? ¿Puedes contemplar una división del trabajo más equitativa? ¿Que el uso del mando del televisor sea más igualitario? ¿Puedes oponerte al sexismo, racismo u otros «ismos» sin sentido? ¿Qué pasaría si te esforzaras por encontrar buenas noticias?

Qué pasaría si...

¿Qué pasaría si recordases que no tienes control nada más que sobre ti mismo?

25. Interludio: esto de desear te está matando

Deja de desear.
Abandónalo.
Serénate.
La avaricia; el dolor; la denigración; la insatisfacción crónica te están matando.
Tu deseo debe ser distinto.
Tu cuerpo.
Tu amante.
Tu cuenta bancaria.
Tu madre.

Shhhh.

Confórmate con todo lo que hay ahora en ti.

Ya lo tienes todo.
Ya lo tienes todo.
Ya lo tienes todo.

(¿Acaso tu ego ya ha dejado de rebatirme?).

Quieres amor.
Eres amor.

Quieres comprensión.
Descansa a la luz que alumbra cada una de tus grietas y esquinas.

Quieres ser diferente.
No, no quieres.

Quieres que los demás sean distintos y obtener más aprobación.

Aunque sepas que no te ayudará recibir más aprobación de los demás.

Lo que te ayudará
es recibir aprobación de ti mismo.

Que apruebes tu vida.

Con una mirada amable y benevolente
que perdone tus transgresiones,
que aprecie el pan de cada día,
que ría de tus propias bromas.

Todo este tiempo has tenido un anhelo de ti.

Todo lo que quieres para Navidad es a ti mismo.

26. El método de los 15 minutos en el trabajo

Jamás he tenido un trabajo en el mundo corporativo estadounidense.[34] El mundo de los cubículos y las estructuras administrativas de múltiples niveles me resulta por completo ajeno. Siendo actriz sin dinero en Chicago, y luego en Los Ángeles, teniendo un millón de trabajos de medio tiempo, y después trabajando por mi cuenta como escritora, profesora y emprendedora, jamás he tenido un sueldo fijo. Cuando paso por esos grandes parques industriales y edificios de oficinas, me pregunto qué hacen allí dentro. En ocasiones, bromeo diciendo que puedo escucharlos llorar. Los conocedores me aseguran que, en efecto, hay muchos que lloran. En los baños, en sus escritorios o simplemente en silencio, por dentro. Algunos por aburrimiento, otros por frustración y otros más por un anhelo de libertad.

Sospecho que si les dieran 15 minutos al día para hacer algo que les importara, podrían sentirse un poco mejor.

---

34. He sido guía de navegación en rápidos. He explicado cómo atar bufandas en grandes tiendas. He enseñado improvisación. He producido radionovelas. He vendido entradas para ballet por teléfono. He actuado en cenas temáticas de crímenes. He trabajado sirviendo cócteles, en tiendas, y he tenido trabajos temporales de todo tipo. Una vez hasta me pagaron para volar ida y vuelta desde Burbank hasta San Francisco varias veces, porque un tío rico intentaba engañar el sistema de millas de las aerolíneas. Sin embargo, por algún motivo, el mundo corporativo y yo nunca nos cruzamos.

Sueño con que sea una práctica estándar que en todos lados (en organizaciones grandes y pequeñas) se dediquen los primeros 15 minutos de la jornada laboral a un proyecto que sea significativo para cada quien. Y no soy la única que lo piensa. Google implementó el famoso «Proyecto del 20 por ciento», que les permitía a los empleados dedicar hasta un día entero cada semana a trabajar en proyectos de su elección, sin importar si este se relacionaba con su puesto de forma directa. Otras compañías, como la BBC, Apple y 3M, también han implementado variantes de esta idea. Con éxito variable, hay que decirlo, pero aun así, parece que vale la pena seguir tratando, ¿no te parece?

También sospecho que, si se alentara a los empleados a *hablar* sobre estas actividades, podrían llegar a valorarse entre sí de nuevas maneras. ¿Puedes imaginarte el cotilleo?

«¿A qué le dedicas tus 15 minutos de hoy?».

«Pues estoy creando una nueva receta, parecida a una paella, así que estaba investigando dónde conseguir azafrán. ¿Y tú?».

«Escribí unas líneas de poesía mala».

«¡ME ENCANTA la mala poesía! ¡Escribí la semana pasada! ¡Tomemos un café!».

¿Cuántas veces has conocido a alguien y has tenido un sentimiento neutral hacia esa persona, hasta que descubriste que a los dos os encantaba hacer moscas para pescar, el tiro con arco zen, y de repente os volvisteis mejores amigos? ¿Verdad? ¿Ves adónde quiero llegar?

Tomemos a Chris, el tío que trabaja en el pasillo, quien te parece un sabelotodo arrogante con mala actitud. Hasta que descubres que Chris fue *jockey* olímpico; y bueno, de repente, su tono de superioridad tiene mucho más sentido. Chris es una persona que busca la excelencia en su vida. Además, tal vez tenga buenos consejos sobre algún campamento hípico para tu hija preadolescente.

Cuando conoces lo que le encanta hacer a la gente en su tiempo libre, puedes conectarte con ellas a un nivel totalmente distinto. Puedes apreciar todos los matices de su personalidad y el alcance de lo que saben. Puedes aprender y compartir con ellos, e incluso alentarlos a aportar esas habilidades adicionales al lugar de trabajo.

Recuerdo haber leído una investigación que mostraba una manera fácil de mejorar las reuniones: pedir a cada participante que al presentarse incluya dos o tres detalles personales sin relación con el trabajo. Tal vez algo sobre su ciudad natal, su bagaje cultural o un tema sobre el que desearían tener tiempo de profundizar. Cualquier cosa. La idea es que si antes de, por ejemplo, una lluvia de ideas, te tomas un momento para recordarle a cada quien la totalidad de su ser y la diversidad de sus experiencias, estas participarán más y tendrán mejores ideas.

Este simple proceso introductorio hace que de inmediato la voz de todos ocupe la sala. Esto significa que es más probable que las personas vuelvan a hablar. Lo sé por mi experiencia en improvisación: si quieres que la audiencia grite comentarios en cualquier momento del espectáculo, primero tienes que pedirle que lo haga al principio. Si se queda en silencio durante veinte minutos y luego le pides una sugerencia, no la obtendrás, porque ha sido entrenada para estar callada. Por lo tanto, si pretendes que la gente hable en tus reuniones, necesitas hacer que hablen de inmediato, preferiblemente sobre algo que les interese de verdad. Por ejemplo, ellos mismos.

Así que, en vez de que Kai se presente diciendo «Hola, soy Kai, de ventas», debería hacerlo más bien como: «Hola, soy Kai, de ventas. Nací en Belice y últimamente disfruto mucho cocinando postres veganos», ya que esto implica que no solo contribuirá desde la perspectiva de las «ventas», sino que se sentirá libre de imbricarla con sus otras experiencias de vida, llevando así a ideas y a resultados mejores y más originales.

Si eres dueño de una empresa, diriges un equipo o departamento, o diriges grupos de cualquier tipo (clubes de lectura, grupos de culto, clubes de corredores…), te aliento a que implementes el experimento de 15 minutos diarios durante un mes: elige los 15 minutos que funcionen para ti y tu gente. Recomiendo las mañanas porque, por la tarde, el día tiende a escaparse. Diles que, todos los días del mes, de nueve a nueve y cuarto de la mañana, o a la hora que hayas elegido, será un momento de «experimentación», y deberán trabajar, sin interrupciones, en algo que les importe. Puede estar relacionado con el trabajo, pero no es un requisito. Tal vez puedan dar una caminata corta alrededor de la manzana para tomar aire, o sentarse en silencio para orar o meditar. Quizás escriban un libro o una entrada de *blog*, desarrollen sus habilidades, programen algo guay, o cualquier otra cosa que marque una diferencia positiva para sí mismos o para el grupo, algo que de otro modo no harían. No es un momento para ponerse al día con los correos electrónicos ni con la lista de tareas personales, ni siquiera con la lista de tareas laborales. Este es un momento para nutrirse a sí mismos.

Te apuesto a que verás un aumento del compromiso. ¿Te has enterado de que un 77 por ciento de los empleados se sienten desmotivados, verdad?[35] 15 minutos de libertad para jugar me parece una solución sin costes para un problema que, de otro modo, es muy costoso.

---

35. Cerullo, Megan (2023), «More than half of employees are disengaged, or "quiet quitting" their jobs», CBSNews.com, Moneywatch, 13 de junio, <https://www.cbsnews.com/news/workers-disengaged-quiet-quitting-their-jobs-gallup>.

Aunque tal vez me equivoque, lo cual me parecería igual de interesante. Por favor, inténtalo y luego contacta conmigo en Sam@TheRealSamBennett.com. ¿Vale?

¡Juntos podemos reducir los llantos del mundo corporativo! ¡Hurra!

El experimento de 15 minutos

Dedica 15 minutos a escribir todas las razones por las cuales esto sería una gran idea para tu grupo, equipo o amigos. Luego apunta todas las razones por las que nunca serviría. Después, toma ambas listas y habla con tu jefe, equipo o grupo sobre esta idea para ver qué sucede. Recuérdales a todos que es un experimento. Te requeterreto a que lo intentes.

Qué pasaría si...

¿Qué pasaría si 15 minutos al día fueran el mando que necesitas para mover el mundo?

27. Test del desorden

Por como hablan las revistas del tema, parecería que ser desordenado es lo peor que podría pasarle a una persona. Yo creo que el desorden, como la mayoría de las cosas, existe en un espectro y está sujeto a la orientación personal.

En lugar de mantenernos aferrados a un ideal de perfección en el que las encimeras están siempre despejadas y la ropa siempre guardada en orden, tal vez podríamos crear nuestro propio patrón.

Aquí está mi test del orden para adultos:

1. Si buscas algo, ¿te suele llevar más de 10 minutos encontrarlo?
2. En el último año, ¿has gastado más de lo que te gustaría reemplazando cosas que se perdieron o se rompieron porque no estaban guardadas de forma correcta?
3. En el último año, ¿has gastado más de lo que te gustaría volviendo a comprar cosas que ya tenías pero que no podías encontrar?
4. ¿Tienes muchas cosas todavía con etiquetas de precio o en su embalaje original, sin usar?
5. ¿Tienes muchas cosas que no usas pero que guardas «por si acaso»?
6. ¿Tienes muchas cosas que no necesariamente habrías elegido, pero que, como pertenecían a otras personas, sientes la obligación de conservar?

7. ¿Tienes en casa muchos proyectos a medio terminar?
8. ¿Tienes un cajón lleno de porquerías?
9. ¿Tienes una habitación, un armario, un garaje o un depósito llenos de porquerías?
10. ¿Sientes que el desorden, el polvo, la caspa, la suciedad y el exceso de cosas en tu casa están afectando tu salud mental y/o física?

Puedes tomarte un momento para reflexionar sobre cada respuesta afirmativa y ver cómo te sientes. Eso es lo único que importa. Que yo te diera alguna puntuación aleatoria («¿Más de 5 puntos? ¡Sin duda eres un conejito bastante caótico!» #Puaj) sería despectivo y, francamente, irrelevante.

Creo que si la forma en que vives es alegre y expansiva, estás bien. Guarda lo que quieras; no es asunto de nadie más que tuyo.

Por otro lado, si sientes que tus cosas están haciendo que gastes tiempo, paz mental, dinero que no tienes, y/o rompen relaciones pacíficas con parejas, vecinos o familiares, quizás quieras revisarlo, incluso cuando lo que te molesta solo sea un estante o un cajón.

Tal vez solo puedas responder que «sí» a una sola cosa: tal vez sean los objetos que has heredado de otros, en cuyo caso quizás quieras hacer un trabajo interno de duelo, de perdón, revisar los sistemas familiares o tu identidad. Como la hermana mayor, con frecuencia he guardado cosas porque sentía que debía ser la historiadora de la familia o la guardiana de los recuerdos, guardando cosas para la posteridad. Resulta que tengo permiso para guardar solo lo que me resulta significativo. La verdad es que los demás no necesitan que sea la bibliotecaria de su pasado.

Voy a usar mi «vozarrón de maestra» para la pregunta 10. Si sientes que la cantidad, la organización, la limpieza y/o la baja calidad de las cosas que tienes en casa están ejerciendo un efecto adverso sobre tu salud, entonces te insisto en que hagas algo. Si hay personas en tu vida que expresan su preocupación, tómatelo en serio. Si no puedes invitar a alguien a tu casa porque te da vergüenza que vean tu vida, es una gran señal de que estás listo para el cambio.

La vida es demasiado corta y valiosa para sacrificarla por un cúmulo de cosas. Te aconsejo con énfasis que busques ayuda profesional, que te brinde amor y alegría. Existen muchos organizadores que trabajan de forma presencial o remota, varios de ellos hasta lo harán gratis y pueden ofrecerte el apoyo y las estructuras que necesitas para que tu hogar sea saludable para ti y para quienes amas.

Supongo que siento lo mismo sobre el desorden que sobre el peso: en su mayoría, no me importa en lo más mínimo, a menos que empiece a afectar a la calidad de vida (en ese caso, voy a abogar por el bienestar).

Me niego a demonizar el desorden. No creo que sea un problema moral, aunque con toda la presión que veo que la gente se coloca encima, podría pensarse que la conexión limpieza/divinidad es real.

En mi sitio web, vendo una taza que dice «Más arte y menos quehaceres», y otra versión que dice «Más poesía y menos quehaceres». A nadie le importa si lavas esos platos ahora o en un rato. Pero los 15 minutos que dediques a un trabajo que te importa podrían impactar en las generaciones futuras.

Un garabato de 90 segundos sobre el desorden

Tómate 90 segundos para dibujar cómo te sientes ante el desorden. Utiliza monigotes, formas y garabatos. Esto no es arte: es un garabato para la autosuperación que te permita visualizar cómo te sientes. No pienses. Solo saca la foto de cómo lo experimentas. Continúa dibujando hasta que pasen los 90 segundos.

Luego, observa el garabato. ¿Qué notas? ¿Qué título le pondrías? ¿Qué sentimientos te evoca? Si te resulta enriquecedor, considera comenzar un diario, escribir poesía o seguir dibujando. Lo que sea para sacar esos sentimientos de donde han estado escondidos (¿en el armario, detrás de aquel viejo vestido de dama de honor?) y ponerlos a la luz del sol.

Siguiente paso: coge otra hoja de papel y dibuja cómo te sentirías si tu casa estuviera organizada a la perfección de acuerdo con tu gusto. Piensa de esta manera: si tuvieras una varita mágica y pudieras hacer cualquier cosa, ¿cómo te gustaría que fuera tu casa, escritorio, armario, etc.? No tienes que dibujar la casa en sí; solo el sentimiento que te provocaría. De nuevo, dibuja durante 90 segundos sin borrar.

¿Qué te dice este nuevo dibujo? ¿Qué pistas te ofrece?

El desorden de los demás

Si hay otras personas involucradas en tu situación de desorden (¿acaso no es el desorden ajeno mucho más molesto que el propio?), tal vez quieras hacer este ejercicio con ellas, para que todos podáis tener una conversación que no sea tanto sobre este o aquel objeto, sino más bien sobre cómo os sentís y qué queréis cada uno.

Después de que sepas lo que quieres, puedes hacer un plan diario de 15 minutos para lograrlo.

Me encanta la historia de Julie, mi clienta y amiga, quien, hace más o menos un año, se mudó al otro lado del país para cuidar a su madre durante su último año de vida, y luego heredó la casa. Se sentía totalmente agobiada por las cosas que su madre había acumulado a lo largo de su vida, mientras, en simultáneo, tenía que lidiar con su propio duelo. Entonces, Julie comenzó con los papeles de su madre, de los cuales había montones.

Todos los días, durante 15 minutos, se dirigía al escritorio de su madre para clasificar y archivar papeles. En el camino, encontró mucha basura y algunos tesoros. Se dio cuenta de que el tocadiscos de su madre estaba en la misma habitación, así que comenzó a poner los viejos álbumes mientras clasificaba, tiraba y archivaba. Luego encontró una caja con preciosos papeles antiguos, así que decidió empezar a enviar notas y cartas a amigos, familiares y seres queridos. Esto significaba, por supuesto, que tenía que caminar hasta el buzón todos los días, lo que la sacaba al fresco y, de vez en cuando, le permitía conocer a sus nuevos vecinos.

Así es como una actividad de 15 minutos dio lugar a otra, que dio lugar a otra, que creó otra más. Ahora Julie tiene una maravillosa rutina diaria en la que organiza sus propios papeles, disfruta de la música, escribe y sale a caminar, lo que en total solo le lleva cerca de una hora.

Lo último que supe es que Julie había terminado con el escritorio de su madre y había pasado a limpiar un viejo armario con ropa blanca para convertirlo en un lugar para guardar cosas para manualidades.

Todo con solo 15 minutos al día.

El experimento de 15 minutos

Pon un cronómetro y dedica 15 minutos a ordenar algún espacio que te resulte molesto. Si es un sitio pequeño, quizás puedas terminar de hacerlo rápido; de lo contrario, está bien ordenar solo una parte de un estante o cajón. Observa cómo hasta una pequeña mejora marca la diferencia.

Qué pasaría si...

¿Qué pasaría si supieras que alguien está esperando la oportunidad de ayudarte?

28. Cómo decir «no» sin un castigo

Alguien te ha pedido que hagas algo que no quieres hacer.

Aquí encontrarás algunas respuestas que podrías practicar de antemano, para que nunca te encuentres en la posición de decir que sí cuando en realidad quieres decir que no. Por supuesto, adáptalas a tu propio estilo.

«No, gracias».

«Gracias por pensar en mí. Necesito considerarlo y responderte después».

«En este momento eso está fuera de mi alcance. Pero gracias por pensar en mí».

«No tengo tiempo tiempo para eso ahora».

«No puedo ponerle la energía o la atención que se merece, y no quiero decepcionarte, así que por ahora diré que no».

«Me resulta imposible ahora, pero, por favor, vuelve a preguntármelo en otra ocasión».

«Eso no me sirve».

«Me encanta tu entusiasmo, pero no lo comparto. No creo que sea la persona adecuada para hacerlo».

«Es muy interesante. Sin embargo, no es para mí».

«Estaré encantado de escucharte mientras avanzas, pero eso es todo lo que puedo ofrecer».

«No. Eso suena horrible».
«¿Recuerdas cuando me pediste que fuera honesto contigo? Bien, no me interesa».
«Tengo un conflicto de valores con esto».
«No es para mí».
«Me temo que interferirá con mi intento por dominar el mundo. Gracias, de todos modos».
«Eres tan tierno».
«Ay, Dios mío, no».
«Ah, mejor no».
«Paso rotundamente».
«No me parece adecuado».
«Lo haría, pero después de la última vez me prometí no volver a hacerlo nunca más».
«¿Podemos hablarlo mañana?».
«No me interesa, gracias».
«Le he prometido a mi familia que no sumaré ningún proyecto adicional a mi agenda hasta después de "x", "y" o "z", así que no tengo disponibilidad».
«¡Sigue tu camino, hermana!».
«Está fuera de mi incumbencia».[36]

El experimento de 15 minutos

Lee la lista anterior en voz alta, con intención. Añade algunas líneas propias. Busca si hoy puedes encontrar la manera de ofrecer un buen y sólido «no».

---

36. Usa palabras como «incumbencia» con suficiente frecuencia y es posible que la gente deje de hablarte.

Qué pasaría si...

¿Qué pasaría si por fin dijeras que sí de una manera que importara de verdad? ¿Qué pasaría si por fin dijeras que no de una manera que importara de verdad?

29. Por qué esto de los 15 minutos sirve de verdad

15 minutos diarios sirven porque son los pequeños engranajes los que mueven una gran rueda. Las pequeñas bisagras son las que abren una gran puerta. El viaje de dos mil kilómetros se compone de pequeños pasos. ¿Cómo se come un elefante? Un bocado por vez. ¿Escribir un libro? Palabra por palabra.

Todos queremos tener un fin de semana entero para limpiar el garaje. Sin embargo, de alguna manera, ese fin de semana no llega nunca. Querríamos tres meses en una villa en Provenza para terminar la novela, pero, de algún modo, eso tampoco ocurre.

Es posible que te hayas prometido a ti mismo que, cuando llegue el verano o la jubilación, por fin podrás dedicarte a los pasatiempos y actividades que amas. Sin embargo, incluso cuando llega ese momento, te encuentras con que no lo haces.

Posponer los grandes proyectos para ese mítico «algún día» es, en cierta forma, comprensible. Sobre todo cuando estos son difíciles o tienen el potencial de cambiarte la vida. Por mucho que soñemos con que eso ocurra, la mayoría no lo hace nunca. Por mucho que anhelemos la novedad, suele ganar el deseo de previsibilidad.

También posponemos las pequeñas tareas, ¿no es cierto? No arreglamos las molestias menos importantes. Esa pila en el rincón, sobre la bicicleta estática... se queda allí.

Le damos el nombre de «procrastinación», pero es otra de esas palabras que hoy en día tienen demasiados significados. Dices «estoy procrastinando», cuando quizás lo que en realidad quieres decir es:

> Temo hacer esa tarea.
> Temo las consecuencias de hacer esa tarea.
> Temo el juicio que podría recibir.
> Me aburre hasta el hartazgo la mera idea de hacer esa tarea.
> Siento que esa tarea es poca cosa para mí.
> Esa tarea me resulta poco clara.
> Espero que desaparezca si la ignoro lo suficiente.
> Estoy esperando un momento perfecto.
> Aún no ha intervenido el elemento divino.
> Me molesta esa tarea.
> Soy demasiado viejo para esta gilipollez.
> Debería hacerlo otra persona.
> Me falta un poco de información y no tengo ganas de averiguar qué tengo que saber.
> Tengo un miedo infantil al respecto.
> Tengo una completa fobia al respecto.
> Creo que, si lo hago ahora, tendré que trabajar más en el futuro.

El experimento de 15 minutos

Lee la lista anterior en voz alta y determina si alguna frase te resuena a medida que las dices. «¿No puedo simplemente leerla en silencio?». Claro. Pero entonces no tendrás la oportunidad de sorprenderte. Tal vez puedas añadir algunas frases propias. Luego, pasa los 15 minutos restantes escribiendo (bailando, cantando, rapeando, dibujando…) sobre lo que te sensibilizó y lo que puede haber detrás.

Qué pasaría si...

¿Qué pasaría si no existe la manera correcta, sino tan solo la *tuya*?

30. Perdí el juicio en la cafetería

Cualquiera que me conozca lo confirmará: casi nunca pierdo la paciencia.

Creo que uno de mis superpoderes es mi habilidad para mantenerme tranquila en circunstancias estresantes, de alta presión y de discusiones.

Pero el otro día, ENLOQUECÍ.

En una cafetería.

Mientras desayunaba.

Verás, había estado haciendo recados desde temprano, cuando, de repente, se me ocurrió que podía conocer una cafetería americana que estaba cerca y darme el gusto de comer un buen desayuno.

Me encanta la comida que ofrecen.

Cuando llego, el camarero me señala una mesa y me pongo cómoda. Me encanta que la decoración sea clásica (me gustó que no fuera irónica) y la comida huele genial.

En especial, los bollos con salsa, desayuno típico de Estados Unidos que para mí es un verdadero manjar.

Decido pedir algo con el poco apetitoso nombre de «el fregadero», que incluye porciones y pedazos de todo lo que quiero comer. Me parece excelente, porque *me encanta* probar cosas distintas. Así que una degustación es mi elección ideal.

Si no fuese porque, según se describe en el menú, apilan todos los elementos en un solo plato. Patatas caseras abajo de todo, huevos, un bollo con salsa, y, por último, tocino. Creo que suena medio asqueroso.

Entonces, cuando el camarero viene a tomar nota, le explico que quiero «el fregadero», pero le pregunto si pueden poner una cosa junto a la otra, en vez de apilarlas, o incluso en platos diferentes.

—No.

—¿Qué?

—No lo servimos así.

—Bueno… ¿mmm… por qué?

—Déjame hablar con el encargado.

Vaya, la situación escala con rapidez. Estoy desconcertada, pero sin enfado.

Llega el encargado, un hombre bajo y de cuello grueso con una actitud similar a la de un bulldog.

—¿Hay algún problema? —gruñe.

Le explico que quiero «el fregadero» deconstruido.

—No.

¿QUÉ?

—¿Por qué?

—Nos daban mucho la lata con los cambios que pedían, y…

¡Ah! ¡Lo entiendo! ¡Sí! Yo también he trabajado en el ámbito de la hostelería y la gastronomía, y lo entiendo: los cambios son una pesadilla. Lo entiendo totalmente. Le aclaro que aceptaré la comida tal como es, pero que solo quiero que no esté apilada.

—No.

Vaya. Vuelvo a preguntar por qué.

—Son las reglas —dice el Sr. Bulldog—. El gobierno tiene reglas. Yo tengo reglas. Y todos tenemos que seguirlas.

El gobierno tiene reglas sobre mi desayuno.

—¿Puedo traerle otra cosa?

Ahora bien, esta sería mi gran oportunidad para sonreír con amabilidad y pedir todo lo que está en «el fregadero», pero a la carta. O elegir otra cosa del menú. O, simplemente, pedir un té y tomarme un tiempo para reflexionar sobre las decisiones de vida que me llevaron hasta aquí. Pero no lo hago.

Porque, de todas las cosas que me enfurecen (y, repito, no son demasiadas), la frase «Así son las reglas, señora» es la peor. Me sentía encendida, y lo siguiente que supe fue que estaba en mi coche, yéndome, todavía con hambre, pero ahora enfadada y llorando.

Para ser justa, había estado llorando mucho esas semanas, así que, en ese momento, sabía que las lágrimas podían no deberse al incidente de la cafetería.

Trato de calmarme. Recuerdo que aún no he comido, por lo que hay probabilidades de que sea la razón por la que reaccioné con tanto ímpetu. «Come algo», pienso. Entro en el viejo y confiable Starbucks, pido un té con un sándwich de huevo y salchicha.[37]

Mientras espero mi pedido, hago un esfuerzo por percibir a las otras personas a mi alrededor siendo seres humanos. Hay dos adolescentes inclinadas sobre un teléfono. Hay una pareja discutiendo con intensidad sobre algo que sucedió ayer. Hay dos trabajadores afuera, colocando luces navideñas.

Por lo general, percibir a otras personas siendo sencillamente humanas es suficiente para animarme y calmarme. Pero hoy no.

---

37. Ya lo sé, también es una cosa toda apilada. #MeContradigo #ContengoMultitudes

Vuelvo a mi coche y hago una de mis respiraciones favoritas 4-7-8 (inhalar durante 4 segundos, aguantar la respiración durante 7, exhalar durante 8), que casi siempre me calma, casi por arte de magia. Pero hoy no.

Pienso en llamar a un amigo para desahogarme. Entonces recuerdo que mi amigo Billy siempre se refería a ese «desahogo» como «rezar el problema».

En otras palabras, cada vez que te encuentras repitiendo la historia una y otra vez (en especial cuando eres la víctima inocente), estás alimentándola. Te quedas enganchado a cierta versión de la realidad. Así que, aunque por lo general me haría perfectamente feliz descargar esta historia absurda en un amigo para que me diga que estoy en lo cierto y que los demás son imbéciles, elijo no hacerlo. Así que: nada de desahogarse. Hoy no.

Mientras conduzco de regreso a casa desde Starbucks, me sorprendo repasando en mi cabeza la conversación con el Sr. Encargado Bulldog, en especial el final, cuando me levanto del asiento, cojo mi cartera y me voy sin decir mucho. Sigo reescribiendo mentalmente frases mucho mejores para este diálogo.

Es posible que también hayas advertido que repasar conversaciones pasadas, o ensayar las que aún no has tenido, no es el mejor uso de tu imaginación. Sé que repasar el incidente una y otra vez no me ayudará, sin importar lo ingenioso que sea mi *esprit de l'escalier.*[38] Entonces, dejo de repetirlo.

Bien, es hora del remedio fuerte. Comienzo a repasar las cuatro preguntas de Byron Katie. En caso de que no estés

---

38. Literalmente: el ingenio o la inspiración de la escalera. Deja a los franceses inventar un término que describa lo que piensas decir cuando ya te has ido, has cerrado la puerta de golpe y has llegado a la mitad de las escaleras. Genial.

familiarizado con su trabajo (TheWork.com), no podría ser más enfática en recomendarlo. Su proceso me parece simple y revelador, todas las veces.

Pero hoy no.

ARRRGHHHHH.

Estoy casi llegando. He utilizado mis herramientas de autocontrol favoritas, y todavía estoy enfadada.

Decido que el tío del café y sus estúpidas reglas *no* van a arruinar mi día. ¡No, señor! ¡Hoy no!

Así que llamo por teléfono y pido hablar con él. Me presento, y luego digo que llamo para disculparme. Le explico que no suelo salir corriendo de ese modo, y que lamento haberme comportado así.

—Solo quiero que la gente coma un buen desayuno —balbucea, aún a la defensiva.

Digo que lo entiendo, y le agradezco que me escuche. Mientras cuelga, murmura algo que no puedo oír. Espero que haya sido amable.

Él no se disculpó.

Sin duda, tampoco dijo que esperaba verme de nuevo pronto. Ni siquiera fue particularmente amable.

Pero no lo llamé porque quería que se disculpara.

No lo llamé para tratar de hacerlo sentir mal por su comportamiento.

Llamé porque me sentía mal por *mi* comportamiento.

Me disculpé no porque él lo «mereciera», sino porque *yo* lo merecía.

Y después me sentí mucho mejor.

Había un millón de maneras diferentes en las que podría haber manejado la situación. Por supuesto, era un asunto definitivamente menor, al que le di una respuesta emocional desproporcionada.

Eso sucede cuando aplastan tus valores.

Entonces, cuando te encuentres molesto de forma atípica por algo o alguien, pregúntate: «¿Cuáles de mis valores están aplastando? ¿Y cómo puedo volver a alinearme con ellos ahora mismo?».

Llamé porque la amabilidad, el buen humor, la empatía y las soluciones creativas son algunos de mis valores más importantes, y me alteré cuando el Sr. Bulldog no demostró ninguno.

El hecho de que pudiera calmarme en menos de una hora es el resultado de miles de horas de estudio espiritual y desarrollo personal.

Usé mis herramientas:

1. Comer algo. Beber algo reconfortante.
2. Percibir a todos los humanos alrededor siendo por completo humanos.
3. Probar con la respiración 4-7-8.
4. Evitar «rezar el problema». Dejar de juntar evidencia de lo acertado que estás.
5. Mantenerse en el momento presente. No permitir que la imaginación se atasque repitiendo, reescribiendo o ensayando conversaciones difíciles.
6. Explorar TheWork.com de Byron Katie.
7. Examinar los valores propios y advertir cuáles están en juego.
8. Tratar a los demás como a uno le gustaría ser tratado. En especial, si no lo merecen.

El experimento de 15 minutos

Haz una lista de algunas de las herramientas que te sirven al enfadarte. Para obtener puntos extra, añade una segunda lista de cosas que la historia te ha enseñado que no te sirven en esos momentos.

Qué pasaría si...

¿Qué pasaría si cada persona en el mundo estuviera aquí para ser tu maestro espiritual? (Y si es así, ¿qué te están enseñando hoy?).

31. El doble o la mitad

¿Tienes problemas para seguir adelante? ¿O incluso para comenzar? Intenta duplicar tu objetivo o reducirlo a la mitad. Aquí tienes algunas ideas para jugar.

¿Dónde te estás subestimando?

Cuando estaba aprendiendo a hacer pesas, mi entrenador me enseñó que la mayoría se subestima y cree que puede levantar la mitad del peso de la que puede levantar en realidad, y lo mismo sucede con las repeticiones que uno puede hacer. Entonces, si dicen que pueden levantar 35 kilos, es probable que puedan levantar 70; y si dicen que pueden hacer 10 repeticiones, es muy probable que, en realidad, puedan hacer 20.

¿Qué pasaría si pudieras hacer el doble de lo que crees que puedes hacer?

¿Qué te está llevando más tiempo del necesario?

Cuando dices «necesito tiempo para pensarlo», ¿cuánto tiempo necesitas en realidad? ¿Podrías enfrentar el desafío de tomar más rápido algunas decisiones? La experiencia en ventas me ha demostrado que muchas personas duplican la cantidad de tiempo que dicen necesitar para tomar una decisión. Así que, si alguien dice que necesita cuatro días para pensarlo, ofrécele dos días y mira qué pasa.

¿Qué pasaría si dejaras de vacilar, dudar y darle vueltas?

¿Qué podrías reducir a la mitad y continuar satisfecho?

He advertido que las porciones en los restaurantes son el doble de lo que quiero, así que automáticamente ahora solo me como la mitad y me llevo el resto a casa. Por fortuna, me encantan las sobras.

¿Qué pasaría si solo necesitaras la mitad de lo que crees necesitar?

¿Qué podrías recortar sin que te afecte demasiado?

El principio de Pareto (la regla 80/20) nos dice que usamos el 20 por ciento de nuestras cosas el 80 por ciento del tiempo, y que el 20 por ciento de tus clientes genera el 80 por ciento de tus ingresos. Siguiendo este principio, podrías deshacerte con facilidad de la mitad de tus pertenencias y de los clientes que pagan menos sin advertirlo.

¿Qué podrías perder sin siquiera extrañarlo?

¿Qué podría darte mejores resultados si lo hicieras más lento?

Acaricia a la persona o animal que amas a la mitad de la velocidad y obsérvalos derretirse. Vuelve a reducir tu velocidad por la mitad y obsérvalos extasiarse.

¿Qué podría darte más de lo que quieres si lo hicieras por más tiempo?

El experimento de 15 minutos

Haz una breve lista de entre tres y cinco cosas que podrías duplicar, reducir a la mitad o eliminar. Prueba hoy con una.

Qué pasaría si...

¿Qué pasaría si tomaras el camino más fácil? (Piensa: atajos, salidas, soluciones elegantes, ir al grano y hacer la cosa más simple posible sin adornos).

32. Magia quejica

¿Cómo puedes crear resultados mágicos cuando te sientes desmoralizado por completo? ¿Puedes estar abierto a recibir un milagro cuando te sientes consumido y sobrecargado? ¿Acaso en la desesperanza está la clave para la alegría?

Por muy fan que sea del pensamiento y la actitud mental positivas, así como de ser positivamente positiva acerca de todo lo positivo, me doy cuenta de que los pesimistas todavía consiguen hacerse ricos y enamorarse, mientras que las personas mezquinas pueden lograr cosas importantes.

Y quizás haya algo de todo el optimismo opresivo y la constante promoción de «amor y luz» que en realidad te está impidiendo obtener lo que quieres.

Hablemos de formas contraintuitivas de crear una vida mágica cuando te sientes quejica, sucio y enfadado, ¿te parece?

Tres pasos para la magia quejica

Cuando estás cansado, desconectado, enfermo, como si hubieras perdido tu magia, resulta fácil caer en una sensación de impotencia. Haz conmigo esta autoevaluación para ver si puedes recordar tu poder y dar un pequeño giro.

Paso 1: atiende tus necesidades inmediatas

Cada vez que sientas que las cosas van mal, merece la pena realizar una práctica de autocuidado conocida comúnmente como HALT, por sus siglas en inglés. Esta significa «hambriento, enfadado, solo, fatigado», y la idea es que, cuando te sientas mal, te detengas a preguntarte si podría deberse a uno de estos estados, para luego poder remediarlo. Yo propongo una pequeña ampliación del ejercicio, añadiéndole una segunda «T», en referencia a sediento, y una «G», de afligido: HALTT-G.

Entonces, si sientes tu ánimo o tu cuerpo indispuestos, primero verifica si necesitas alimento físico o emocional.

Hambriento: cuando me enfado, lo último que quiero hacer es comer. Y después, por supuesto, baja mi azúcar en sangre y me siento peor. Así que, por favor, come un pedacito de algo. Obtendrás puntos extra si de hecho puedes saborearlo y disfrutarlo.

Enfadado: quizás te hayas disociado de la palabra «enfadado». Muchas mujeres y muchos nativos del medio oeste se niegan a identificarse como enfadadas.[39] En su lugar, puede que te encuentres usando palabras como «frustrado», «molesto», «de mal humor», «irritado» o «decepcionado». Quiero invitarte a reconocer tu enfado. Intenta decirlo en voz alta: «Estoy enfadadísimo». Sienta bastante bien, ¿no?

El enfado es signo de que están aplastando tus valores o ignorando tu visión, o de que sientes que no te tienen en cuenta ni te respetan, que estás herido física o emocionalmente o que no tienes el control. Son señales importantes que debes

---

39. Estoy bromeando, este problema no conoce género ni geografías.

reconocer, y si bien sé que puedes internalizarlo o redirigirlo (gritar cuando hay tráfico, por ejemplo, en lugar de gritarle al tonto de tu jefe), te sugiero que pruebes formas más productivas de expresar toda la fuerza de tus sentimientos sin ser irrespetuoso ni cruel.

Cuando necesito expresar mi enfado, me gusta decir que «impongo la luz del sol sobre él». Sugiero leer sobre la «comunicación no violenta», según fue concebida por el Dr. Marshall B. Rosenberg,[40] para aprender a expresar sentimientos fuertes sin violencia. Te cambia la vida.

También existe algo llamado «depresión agitada»,[41] en la cual la irritabilidad y la ansiedad son síntomas de un trastorno depresivo. Quizás quieras investigar al respecto.

Solo: tal vez hayas oído hablar sobre la epidemia de la soledad que hay en todo el mundo, así como de sus devastadoras consecuencias para la salud. Todos necesitan sentirse vistos y escuchados. Todos necesitan sentir que pertenecen.

Somos animales tribales, destinados a vivir en grupo, por lo que el abandono es uno de nuestros peores miedos. Y, por supuesto, aunque quiero que te rodees de personas que te aman, te respetan y se ríen de todos tus chistes, sé que eso no siempre es posible, así que voy a sugerirte algo inusual: búscate un amigo imaginario. Una vez conseguí vencer la soledad y la ansiedad de conducir a través de un puente colgante muy alto y aterrador, imaginándome que el actor y músico Lyle Lovett me hablaba desde el asiento trasero para

---

40. Ver el Centro para la Comunicación No Violenta, <https://www.cnvc.org>.

41. Mayer Robinson, Kara (2023), «What is agitated depression?», *WebMD*, 20 de julio, <https://www.webmd.com/depression/agitated-depression>.

tranquilizarme.[42] Os he confiado grandes miedos a mis gatos. Me he confesado ante una almohada de hotel y le he rezado a la luna llena.

La respuesta a la soledad es la comunión, y por fortuna, puedes hacerlo por ti mismo, de ser necesario.

Fatigado: la privación de sueño ha sido conocida como una forma efectiva de tortura durante siglos, porque tiene la capacidad de destrozarte. La fatiga es más que una queja menor: afectará a todo tu sistema. Según los Centros para el Control y Prevención de Enfermedades (CDC, por sus siglas en inglés), uno de cada tres adultos afirma no dormir lo suficiente,[43] y eso conduce a un juicio deteriorado, mal humor y todo tipo de consecuencias negativas para la salud. Presta atención a tu higiene del sueño y, si tienes dificultades crónicas para dormir, consulta a un profesional médico.

Sediento: mi madre siempre decía que cuando sientes sed es porque ya estás deshidratado, de modo que deberías beber antes de advertir que lo necesitas. Mi madre es una mujer sabia. El 75 por ciento de los estadounidenses están deshidratados de forma crónica,[44] ya sea porque no beben suficiente líquido o porque mitigan sus efectos positivos con demasiada cafeína y sal. Puedes mejorar tu capacidad de procesarlo mentalmente

---

42. Por supuesto, elige tu propio amigo imaginario para reconfortante. No espero que todos encuentren la mítica presencia del Sr. Lovett tan tranquilizadora como yo.

43. National Heart, Lung, and Blood Institute (2022), «What are sleep deprivation and deficiency?», actualizado el 24 de marzo de 2022, <https://www.nhlbi.nih.gov/health/sleep-deprivation>.

44. Furnari, Chris (2021), «Are Americans dehydrated? These brands think so», *Forbes*, 6 de abril, <https://www.forbes.com/sites/chrisfurnari/2021/04/06/are-americans-dehydrated-these-brands-think-so/?sh=7c7de30ae080>.

aumentando tu consumo de agua, y no se me ocurre una manera más sencilla de mejorar tu vida.

Afligido: no sé si la ciencia lo habrá advertido, pero estoy bastante segura de que eres más torpe mientras haces un duelo. También puede volverte distraído, con mal genio, somnoliento, aletargado, tímido, tal vez mocoso y definitivamente quejica. No existe un consejo apropiado para el duelo, porque no hay una manera apropiada de hacerlo. No puedes hacerlo de un modo correcto ni incorrecto. Tampoco tiene una duración establecida. El duelo viene como las olas: a veces, será como las pequeñas olas de un estanque de patos al atardecer, y otras, como un feroz tsunami. Atraviesa tu duelo como venga, y recuerda tenerte paciencia adicional durante los momentos más intensos, ¿vale?

Paso 2: Descubre en qué punto del espectro te encuentras

Olvidémonos de lo que quieres por un instante. Ocupémonos de dónde estás. Seamos específicos.

Primero, escribe o di una afirmación sobre cómo te sientes en este momento. Ahora, por favor, califica esa afirmación en una escala de intensidad del 1 al 5 (donde 1 es ligeramente irritado, y el extremo es 5).

A continuación, te pido que digas y completes las frases que, para ti, se ubican en los números intermedios. Se trata de un ejercicio por completo subjetivo, diseñado para darte una idea de dónde te encuentras en términos emocionales y hacia dónde podrías ir. Si escribo: «Estoy cabreado con mi pareja» y le doy un 3, entonces podría completar de la siguiente forma los otros cuatro:

1 = Me enternece cuando mi pareja actúa como un niño mimado.
2 = Otra vez tendré que pedirle que deje de hacer eso.
3 = Estoy cabreado con mi pareja.
4 = Estoy empezando a hacer una lista de quejas y me sale humo por las orejas.
5 = Prepárate para la ira de Kali.

Aquí hay otro ejemplo: digamos que quiero tomarme el día libre en el trabajo porque no me siento con fuerza ni saludable. Estoy en un 3 porque viene ocurriendo desde hace un tiempo, de modo que podría completar el espectro así:

1 = Ni fu ni fa. Estoy bien.
2 = Necesito descansar un poco más.
3 = Necesito tomarme el día en el trabajo.
4 = He estado descansando y tomándome mi tiempo, pero todavía me siento fatal.
5 = Es hora de llamar a un médico.

Es importante llenar el resto del espectro, porque a veces no eres muy preciso en tus expresiones, como por ejemplo:

1 = Estoy bien.
2 = Sí, estoy bien.
3 = Bien. Todo marcha bien.
4 = ESTOY BIEN.
5 = Ataque de histeria.

Hay quienes tienen una tolerancia muy alta al dolor, por lo que su «ay» es el «llama a una ambulancia» de otra persona.

Ahora tómate un momento para aclarar cómo se compone el espectro de tus sentimientos en la actualidad.

¿En qué punto quieres actuar? ¿Qué tal ahora? ¿Qué acción podría hacerte por lo menos parar el carro? Trata de averiguarlo, y luego hazlo.

Paso 3: Extrae pistas de tu mal genio

Aquí encontrarás cómo transformar tu mal genio en un plan único para el éxito. Este paso requiere un breve esfuerzo de visualización/imaginación. Sé que a algunos les resulta molesto, pero confía en mí: es solo un momento.

1. Piensa en lo que quieres. Aquello que desearías ver aparecer por arte de magia. Aquello cuya ausencia te vuelve un quejica.
2. Ahora piensa en el beneficio que buscas: ¿qué obtienes con tener eso?
3. Considera dónde o cuándo gozas de ese beneficio en tu vida actual.
4. Imagínate en ese escenario y permítete disfrutar la sensación. Llena tu mente de gratitud.
5. Ahora observa lo que se le ocurre al lado más astuto de ti mismo cuando evalúas la situación desde la posición del «ya tengo» en vez del «necesito».

Veamos un ejemplo:

1. Pienso que «quiero más dinero». Desearía que el dinero apareciera por arte de magia. La ausencia de dinero me vuelve quejica.
2. El beneficio de tener más dinero sería sentirme *relajada y accesible*.
3. ¿Dónde o cuándo ya me siento *relajada y accesible* en mi vida actual? Respuesta: ¡debajo de mi edredón de plumas!

4. Inundo mi mente de gratitud por el edredón. Me imagino debajo de él, *relajada y accesible*. Me doy cuenta de que no necesito dinero para tener la sensación que anhelo. Saberlo me da paz (aunque aún quiero más dinero).
5. Ahora le pregunto a mi lado astuto: ¿qué pasa cuando evalúo la situación de «querer tener más dinero» desde la perspectiva que me da sentirme *relajada y accesible*? ¿Adónde me puede llevar mi edredón de plumas?

Tal vez podría escribir un nuevo plan de negocios en la cama. O podría considerar formas de ganar dinero mientras duermo. ¿Ingresos pasivos, alguien conmigo? Podría buscar nuevos clientes que compartan una visión relajada y abierta del mundo. Podría comenzar un blog, un pódcast o una serie que se llame «Conversaciones en la cama», donde entreviste a otras personas (también en la cama) acerca de su filosofía financiera y la relación que tiene su cama, y así volverme viral, una sensación de masas.[45]

El experimento de 15 minutos

Utiliza tu imaginación y tus habilidades para hacer conexiones inusuales, tanto para calmarte como para pensar en otras actividades de 15 minutos que puedan ser divertidas (o quejicas).

Qué pasaría si...

¿Qué pasaría si te relajaras un poco y permitieras que algo del misterio, la magia e incluso la zoncera te guiaran?

---

45. Oye, hemos visto cosas más raras.

33. El talento es irrelevante

En una época, mi amigo Rick tenía un vecino bastante ruidoso que conducía un camión bastante ruidoso. Era un tipo de pecho robusto, inclinado a la alegría. Siempre estaba bien predispuesto a ayudar a cualquier vecino que necesitara mover algo pesado, y, a menudo, se encargaba de cortar el césped de los ancianos que vivían enfrente. Siempre estaba disponible si alguien buscaba un compañero para sentarse en el porche a beber una cerveza y darle al pico. En resumen, era un gran vecino. Llamémoslo Doug.

Cuando Doug se tomaba unas cervezas, solía imitar a un cantante de ópera. Pensaba que era desternillante, pero de hecho tenía una voz muy hermosa. Su «falsa» interpretación era más bien gloriosa. Cuando Rick le dijo: «Oye, Doug, tienes un verdadero talento. Tal vez deberías tomar clases de canto, unirte a un coro o algo así», Doug solo se reía. No podía ni por asomo imaginarse a sí mismo como un cantante serio.

Doug tenía un talento natural; pero no significaba nada para él.

¿Podrías tener un talento así tú también? Algo en lo que siempre hayas sido bueno por naturaleza, pero que hayas descartado por juzgar insignificante o inconsecuente. Tal vez puedes preparar una comida *gourmet* con lo que queda en la nevera. O tal vez puedes dibujar caricaturas.

Conocí a una productora teatral que era increíble con las rimas. En el estreno de nuestro espectáculo, nos escribió un elaborado poema rimado con nuestros nombres, los nombres de nuestros personajes y algún detalle sobre cada quien. Fue algo épico, pero ella lo desestimó como un truquillo.

Ahora bien, no estoy diciendo que debas salir corriendo de inmediato a monetizar tu talento. Pero quizás quieras aprovecharlo un poco más, ¿no?

Una de las cosas que aprendes trabajando en el mundo del espectáculo es que el talento es bastante insignificante. Muchas personas sin talento consiguen tener éxito, y otras con un talento increíble son ignoradas. Tengo la sospecha de que es, en parte, el motivo por el cual Hollywood puede ser tan raro: todos los que triunfan allí tienen una conciencia precisa de que hay otros diez tan buenos como ellos, y que podrían ocupar su lugar en cualquier momento si fuera necesario. Todo parece una «cuestión de suerte».

Entonces, si el talento no importa, ¿qué es lo que sí? Si te estás conteniendo porque crees que no tienes talento suficiente para intentarlo, quizás podrías recordar que con los siguientes hábitos serás bienvenido dondequiera que vayas.

- Preséntate. Mejor si es 15 minutos antes, y nunca, jamás, llegar tarde.
- Estate preparado. Investiga. Estudia el trasfondo de las personas clave, búscalo en Google.
- Sé amigable y amable con todos. Es más importante de lo que piensas. Si eres maleducado con el asistente o con la persona del parquin, créeme: los ejecutivos se enterarán.
- Mantén las observaciones maliciosas y los chismes para ti. No chismorrees. Nunca sabes quién está escuchando. Nunca digas algo sobre alguien que no le dirías en su cara.

- Sé agradecido. Escribe notas de agradecimiento. Recuerda los nombres de las personas. Perdona a todos por todo.
- Arréglate un poco. Los atuendos importan. Sé consciente de tu vestimenta. Si te muestras desaliñado, la gente te tratará como si lo fueras. Si parece que has puesto atención a tu *look*, la gente sabrá que te respetas a ti mismo y quizás se incline más a respetarte.
- No te quejes. Si necesitas algo, pídelo de forma considerada. De lo contrario, aprende a sufrir en silencio.
- Elógiate a ti mismo. Sé que se supone que no debes echarte flores, pero, en realidad, ¿adónde te ha llevado eso? Encuentra formas elegantes de contar historias en las que destaques tu increíble talento. Lleva un registro de tus ventas, tus encuentros positivos, tus buenas reseñas, etc., y difunde esos números. Asegúrate de llevarlos a tu próxima evaluación de desempeño, para que no sean solo los chillones los que brillan, ¿sí?
- Resuelve problemas siempre que puedas. Si hay algo que puedas hacer para facilitarle el trabajo a alguien, hazlo. Incluso si está fuera de tu área.
- Pon atención al lenguaje corporal. No te encorves, ni te quedes mirando al espacio, ni hagas de tu teléfono el único objeto de atención. Mantente activo y feliz de estar allí.
- Mantén tu sentido del humor. El trabajo es duro, y una buena risa (incluso una sonrisa agradable) puede mejorarte el día a ti y a quienes te rodean.
- Sé amable. En todos los ámbitos, advierto que ser una buena persona es importante. No ser amable de una manera falsa, sino genuina. Y recuerda que «amable» no significa débil. Puedes ser amable y tener ideas afiladas

como un láser, o ser amable y sarcástico, amable y gracioso, amable y un poco chiflado.

Si puedes ser una buena persona que además es buena resolviendo problemas, entonces estás en la vía rápida hacia el éxito.

Si puedes ser una buena persona que es buena resolviendo problemas, se presenta a tiempo y está preparada, no se queja y tiene un buen sentido del humor, ¡felicidades, estás a punto de obtener un ascenso!

Y si no te lo han dado aún (y ni siquiera eres apreciado), es hora de ir a un lugar donde te traten como la joya que eres.

El experimento de 15 minutos

Dedica 15 minutos a calcular alguna de tus estadísticas personales de éxito. Tal vez llegaste a tiempo todos los días del mes, o no dejaste que se acumulara el correo basura. Tal vez respondiste todos los correos electrónicos dentro de las 24 horas, mejoraste tu apariencia o saliste de alguna rutina. Tal vez redujiste las cancelaciones de los clientes o creaste un nuevo sistema de informes que les encanta a todos. Para obtener puntos extra, haz que este éxito sea conocido por alguien que lo valga.

Qué pasaría si...

¿Qué pasaría si hoy te vistieras un poco mejor?

34. «¡Pero mi trabajo me necesita!»

«No puedo tomarme un tiempo para mí, ¡mi trabajo me necesita!».

Lo escucho todo el rato.

«Es un momento del año muy ajetreado para nosotros…».
«Estamos un poco cortos de personal en este momento…».
«Tengo una reunión semanal a esa hora…».
«Se supone que debemos salir a las cinco de la tarde, pero nunca salgo de allí antes de las seis…».

¡BASTA!

Dejadme hablar como propietaria de un negocio. Es cierto que soy dueña de un negocio muy pequeño, pero formo parte de una minoría de élite en términos de éxito. Llevo quince años en esto. Según la Oficina de Estadísticas Laborales, cerca del 20 por ciento de las pequeñas empresas fracasan en su primer año.[46] La tasa se eleva al 30 por ciento al final

46. USA Link System (2023), «Small business statistics 2022 recap: What is the small business failure/success rate», LinkedIn, 31 de marzo, <https://www.linkedin.com/pulse/small-business-statistics-2022-recap-what-failuresuccess>.

del segundo año, al 50 por ciento al quinto y al 70 al décimo. Hay solo un 4 por ciento de las empresas de mi tamaño que superan los doscientos cincuenta mil dólares de ingresos anuales,[47] lo cual yo he logrado todos los años desde que comencé (y algunos, bastante más). Y esto sin tener en cuenta el hecho de que mi negocio pertenece a una mujer, lo cual, por desdicha, hace que las probabilidades de éxito sean aún menores.

Esto es lo que quiero decir:

Si trabajas para mí, quiero que estés lo más saludable, fuerte y feliz posible. Quiero que tu ambiente laboral sea alegre y te dé aliento. Quiero que estés bien alimentado, descansado y satisfecho en sentido creativo.

Prefiero que comiences tu jornada laboral una hora más tarde, habiendo tenido tiempo para un abrazo, un buen desayuno, un paseo agradable y 15 minutos en lo que más te importe, en lugar de que llegues más temprano, pero estresado.

Como dueña de la compañía, no quiero ser responsable de tus emociones. Así que, si me dices: «Oye, mi padre está enfermo, así que necesitaré extender la fecha de entrega de algunos proyectos menos urgentes, y tener un horario más flexible durante uno o dos meses», yo respondo: «Está bien. Cuádralo con el resto del equipo. Dime cómo te puedo ayudar». Para mí eso es mucho mejor que el hecho de que trates de seguir, sin contarme por qué no das pie con bola.

Si estás enfermo, quiero que vayas al médico y descanses hasta que te sientas mejor. No vengas cuando estás mal,

---

47. Petulla, Angela (2024), «2024 small business revenue statistics», *altLINE*, actualizado el 9 de enero de 2024, <https://altline.sobanco.com/small-business-revenue-statistics>.

porque hará que te sientas más cansado y es probable que no realices un buen trabajo de todas maneras.

Si necesitas unas vacaciones, quiero que cubras tus tareas y obligaciones, y te vayas el tiempo que quieras. Envíame una postal. Disfruta.

Puede que pienses que vivo en un mundo de ensueño, pero tuve muchos empleos y proyectos antes de comenzar mi empresa, y siempre pude negociar los términos para acomodar audiciones y trabajos de última hora.

El truco es este: si puedes demostrarle a tu jefe que, de forma consistente, generas o ahorras a la compañía entre tres y diez veces más de lo que te están pagando anualmente, puedes pedir lo que quieras. Demuéstrales que tus excelentes habilidades para atender a los clientes hacen que las personas gasten «x», «y» o «z» por ciento más. O que tu eficiencia le ha ahorrado a la empresa «x», «y» o «z» horas de costes laborales. O que tus entretenidos e informativos correos reducen tres horas en reuniones semanales.

Ya que estamos aquí, hablemos de esto: los costes de oportunidad de las reuniones son ridículos. Si ahorras a tu empresa tres horas en reuniones semanales, eso puede implicar un ahorro de más de veintidós mil quinientos dólares al año. Es un juego de matemáticas divertido; estoy suponiendo un salario promedio de sesenta mil dólares[48] y dos mil horas de trabajo anuales (cincuenta semanas a tiempo completo, incluidas las vacaciones). Entonces, el salario promedio por hora es de alrededor de treinta dólares. Si hay cinco personas en una reunión de una hora, eso suma ciento cincuenta dólares. Tres reuniones semanales son cuatrocientos cincuenta

48. Mushtaque, Afifa (2023), «Average salary in each State in US», *Yahoo Finance*, 26 de julio, <https://finance.yahoo.com/news/average-salary-state-us-152311356.html#>.

por semana, y cincuenta semanas da veintidós mil quinientos. Y esas son solo las reuniones regulares con personas que en efecto están en la oficina. Imagina cuando comienzas a reunirte con gente que tiene que viajar, más los costos de la comida, más todo el tiempo que no se le dedica al trabajo que importa.

Con esto me agito un poco, porque hay tantas personas que pasan buena parte de su valioso tiempo en reuniones, siendo tan poco frecuente que estas sean productivas. Mi curso más popular en LinkedIn Learning se llama «Cómo dejar de perder tiempo en reuniones», y si la respuesta que obtengo de allí es indicio de algo, la mala cultura de las reuniones sería como el beso del dementor para los negocios de cualquier tipo. #FinDeLaDiatriba

Demostrarle a tu jefe (o a ti mismo) lo valioso que eres puede requerir cierto trabajo de documentación, pero si puedes hallar algo de tiempo libre adicional o una semana laboral de cuatro días de forma permanente, merecerá bien la pena.

Y si tu jefe no lo ve así, apuesto a que puedes ayudarlo a ver la luz o a irse a pastos más verdes.

Si eres autónomo, artista o emprendedor, tienes todavía más oportunidades de aprovechar tu tiempo. Lleva un registro de cuáles son las actividades diarias que te generan ingresos (como contactar a antiguos clientes, hacer llamadas de ventas, cultivar relaciones con socios, y demás), y fíjate cómo puedes organizar tu agenda para hacer más de eso.

Ve allí donde te celebren; no te quedes donde te toleren. Haz lo que te traiga dinero y alegría; delega el resto.

El experimento de 15 minutos

Dedica 15 minutos a pensar qué métricas (es decir, números reales y verificables) podrías utilizar para demostrarle tu valor a tu jefe o a tus propios clientes. No busques solo las más obvias, como ingresos y gastos, sino también las intangibles: ¿los clientes son más felices cuando estás? ¿El resto de los empleados se queja menos y hace más cuando apareces? ¿Les has ahorrado tiempo, dinero, energía o frustración a tus clientes o estudiantes?

Dedica tus 15 minutos diarios durante una semana a jugar con la pregunta: «¿Qué valor he añadido al negocio de forma consistente?», y mira si tienes (1) suficiente información para convencer a tu jefe de darte más autonomía, un aumento o algún otro codiciado beneficio; (2) suficiente información para buscar un mejor trabajo; o (3) suficiente confianza para duplicar, triplicar y hasta multiplicar por diez[49] tus precios.

Qué pasaría si...

¿Qué pasaría si hoy le mencionaras tu progreso a alguien inesperado?

49. Mi editor me informa que la palabra para «multiplicar por diez» es «decuplicar». #LaQueTieneElMejorVocabularioGana

35. Cuándo dejar

Una de las preguntas que me gusta hacerle a la gente es: «¿Qué consejo te darías hoy a tu yo de hace cinco años?».

Es probable que no te sorprenda oír que la mayoría desearía volver atrás en el tiempo para motivarse a saltar antes. Dejar aquel trabajo, salir de esa relación, seguir su pasión y dejar de creer que, de algún modo, sacrificar su felicidad hará que las cosas sean mejores para el resto.

Pero todos hemos cometido el error de quedarnos demasiado tiempo en una situación que no es ideal.

La lealtad hasta el punto de ser negligente con uno mismo no resulta útil para nadie.

La psicología del «coste hundido» es difícil de comprender, y mucho menos de superar.

El «coste hundido» es el nombre con que los economistas se refieren a la inversión de tiempo, energía y dinero que no se recupera, pase lo que pase, por lo que debe ser excluida de la toma de decisiones. En otras palabras, que hayas estado casado durante diez años no es un motivo para seguir así, y que hayas pasado los últimos cinco años y varios miles de dólares en clases para un doctorado que ya no te importa no es un motivo para quedarte y terminarlo. Después de todo, no recuperarás ni el tiempo ni el dinero, así que es mejor avanzar con celeridad. Muévete a un lugar mejor, en cuanto puedas.

Aquí hay algunas preguntas que podrías hacerte si estás pensando en dejar un trabajo, una relación, una situación de vida u otro emprendimiento que no está siendo tan satisfactorio como te gustaría:

1. Sabiendo lo que sabes ahora, ¿lo volverías a hacer?
2. Si la situación no mejora nunca, ¿aún quieres quedarte?
3. ¿Te duele? ¿O solo es difícil?
4. ¿Cuáles son las razones por las que crees que deberías quedarte? ¿Esas razones reflejan tus valores, o son la voz de otra persona en tu cabeza?
5. ¿Cuáles son las razones por las que crees que deberías irte? ¿Esas razones reflejan tus valores, o es la voz de otra persona en tu cabeza?
6. ¿El problema que tienes se podría resolver solo con dinero?
7. ¿El problema que tienes se podría resolver con mejores empleados o un mejor equipo?
8. Si hubieras dejado esta situación hace seis meses, ¿algo sería diferente ahora?
9. Si hubieras dejado esta situación hace seis meses y ahora vieras a alguien más triunfando en ella, ¿cómo te sentirías? (O: si hubieras dejado a tu pareja hace seis meses, y ahora la vieras siendo feliz con otra persona, ¿cómo te sentirías?).
10. ¿Cuáles de tus valores están en juego?
11. ¿A qué te recuerda esta situación?
12. Si decides quedarte, ¿qué vas a hacer de distinto para obtener un resultado distinto?
13. Si decides irte, ¿qué vas a hacer de distinto para obtener un resultado distinto?

El experimento de 15 minutos

Haz un garabato de 90 segundos sobre cómo te sientes en la actualidad en relación con la situación que te gustaría dejar.

Recuerda: no debe ser una obra de arte. Nadie lo verá. Solo trata de garabatear la forma, el sentimiento, los colores y los monigotes que transmitan tu estado emocional actual.

Luego, haz otro garabato de 90 segundos sobre cómo te gustaría sentirte. Quizás estas dos imágenes, una al lado de la otra, traigan alguna información nueva que te resulte importante.

Qué pasaría si...

¿Qué pasaría si pudieras predecir el futuro con precisión y este pareciera próspero para todos los interesados?

36. Claro, delicado, honesto y amable

La mala comunicación ha hecho mucho más por estropear trabajos, relaciones y productividad personal que, según creo, casi cualquier otra cosa.

¿Cuán a menudo se estanca una relación porque nadie sabía qué decir?

¿Cuán a menudo se detiene una carrera porque alguien no sabía cómo pedir lo que quería?

¿Cuán a menudo se transforma una situación menor en un problema mayor porque nadie la abordó lo bastante pronto?

He visto a quienes se cocinan lento, durante años, solo porque no encontraban las palabras que necesitaban. O pensaban que comunicar emociones fuertes implicaba gritar o llorar. Es posible que nos alivie recordar que hasta las conversaciones más difíciles pueden tener momentos de humor, alegría y profunda apreciación por la otra persona.

Aquí encontrarás algunos de mis trucos de comunicación favoritos para abrir puertas, mantener la calma y pedir lo que quieres.

Consejos para conversaciones difíciles

Intenta acercarte a la persona en cuestión y preguntarle: «Hola. ¿Es un buen momento para tener una conversación que en realidad no me gustaría tener?».

Lo bello de esta pregunta es:

1. Pone sobre aviso a la persona con la que estás hablando.
2. Le da la libertad de decir: «Claro, hablemos ahora» o «¿Podemos hablar después de las dos de la tarde?».
3. Le comunica que a ti tampoco te entusiasma tener que hacer esto.

Ese último punto (cómo les comunicas que en realidad no quieres tener una conversación difícil) es brillante, porque les recuerda a ambas partes que están en el mismo equipo. *La única manera de tener conversaciones exitosas es estar en el mismo equipo.* Incluso la conversación más polémica puede tener de base un «tú y yo queremos lo mismo: que esto se resuelva rápido, preferiblemente sin gritos».

Para las parejas esto es más que importante, porque reencuadra la discusión del «tú contra mí» hacia conversaciones de «nosotros contra el problema», enfocadas en soluciones.

Entonces somos tú y yo, juntos, contra el hecho de que mi madre venga de visita.

Somos tú y yo, juntos, contra el hecho de que la sala es un desastre.

Somos tú y yo, juntos, contra el hecho de que tienes una agenda muy cargada.

O más probablemente: somos tú y yo contra el hecho de que mi madre viene, la sala es un desastre, tu agenda está muy cargada y no tenemos sexo desde hace mucho tiempo. Sin embargo, lo más estratégico es abordar un problema a la vez.

El abordaje del «tú y yo juntos» también puede funcionar de maravilla con los empleados de atención al cliente, los representantes de las aerolíneas, los jefes tacaños, los vecinos ruidosos y cualquier otra persona con la que tengas que negociar. Abordar la conversación con la actitud de que ambos quieren lo mismo (resolver el problema con facilidad, cualquiera que sea) significa que no tienes que enojarte. En mi experiencia, la gente es mucho más útil cuando eres amable, comprensivo y no te enojas. De hecho, con frecuencia se encuentran mejores soluciones.

Otra forma de abordar un momento potencialmente conflictivo es preguntar: «¿Qué harías si estuvieras en mi lugar?». Esta pregunta tiene el efecto psicológico inmediato de que el otro se ponga en tus zapatos, es decir, del mismo lado.

Este es otro truco para negociar: recuerda que todos siempre piensan que tienen razón. De modo que avanzarás mucho más rápido si estás de acuerdo con ellos.

No importa lo que digan, trata primero de estar de acuerdo. No tienes que pensar que están en lo cierto; solo tienes que estar de acuerdo con que piensen que tienen razón. Entonces, si dicen que «tal o cual político es el mejor candidato», o que «la pizza con piña está deliciosa», y estás en total desacuerdo, intenta responder con algo simple, como: «Es guay que pienses eso» o simplemente asiente y di «Está bien», sin poner los ojos en blanco.

Hay pocas cosas que desarman tanto a alguien como que estés de acuerdo. Y la verdad es que, para ellos, la versión propia de los hechos es la correcta. Su versión de los hechos no tiene que coincidir con la tuya para que estés de acuerdo, ¿sabes? Si dicen que «siempre sacan la basura», bueno, es que sienten que es real. Y aunque sepas que tú mismo has sacado la basura dos veces la semana pasada, no te cuesta nada decir: «Sí. Has hecho un gran trabajo. Lo valoro». Estar de acuerdo apacigua a las personas; además, te recuerda que hay más de una versión de la verdad, lo cual es una excelente manera de dirigirse hacia una decisión satisfactoria para ambas partes.

Comunicación intrapersonal

También sufres cuando tú no estás de tu propio lado. Antes que nada, necesitas estar en tu mismo equipo.

Haz lo necesario para reducir o eliminar el parloteo negativo en tu cabeza. Hay millones de libros sobre cómo hacerlo, pero también puedes probar con meditación, hipnosis, ejercicio, oraciones; lo que te sirva.

Desde hace poco, busco el modo de ser crítica conmigo, pero sin ser autocrítica. En otras palabras, he estado observando mi vida, mis decisiones y mi trabajo de una manera extensa, dura y cuestionadora, pero *sin* hundirme de inmediato en el desprecio hacia mí misma. Trato de ser como una maestra amable, que revisa el trabajo y dice: «Buen trabajo. ¿Qué podrías haber hecho mejor, cariño?». Luego respondo la pregunta de la forma más honesta que pueda. Divertido.

Tu cuerpo es el único hogar que tienes, y tu mente es la única que posees. Ninguno durará mucho tiempo, así que practica la bondad contigo mismo, ¿vale?

El experimento de 15 minutos

Dedica 15 minutos a escribir un diario sobre cómo se siente (o cómo podría sentirse), valorar la serenidad, la alineación y la cooperación por sobre tener «razón».

Qué pasaría si...

¿Qué pasaría si nunca necesitaras tener razón otra vez?

37. Buena y mala salud

En ocasiones, el mundo actúa como si la mala salud fuera un fallo moral. Como si, en el caso de que en verdad fueras una buena persona, serías joven, animado, delgado y andarías riéndote de la vida.

El hecho es que todos deben lidiar con algo relacionado con la salud. Si no es tu salud lo que te preocupa, es la de alguien más. Y buena parte de las enfermedades son ambientales, genéticas o por algún motivo exceden tu control. Entonces, el primer paso es: date un respiro. Deja de enfadarte contigo mismo por los cambios de ánimo, la sensibilidad alimentaria, las enfermedades crónicas, los trastornos relacionados con el estrés, las anomalías genéticas, o lo que sea que tengas. Tal vez también puedas dejar de enojarte con tus seres queridos por enfermarse.

Los problemas de salud y el bienestar son una verdadera prueba de tu desarrollo espiritual. Después de todo, es sencillo sentirte agradecido cuando todo va bien, ¿no crees? Pero cuando cuerpo y mente sufren (y lo sientes como algo tan *personal*), de pronto es mucho más difícil mantener a raya la mezquindad, los celos y la ingratitud. Lo que quiero decir es que tal vez no te apetezca ser un «valiente guerrero contra el cáncer». ¿Y si quieres quejarte, llorar y lamentarte?

Las personas maduras en relación con su espiritualidad reconocen que la idea de que «la valentía significa no quejarse nunca» es una falacia, y que llorar no refleja debilidad ni falta de fe. Las personas espiritualmente maduras están abiertas a tener los sentimientos que aparezcan, porque saben que son fugaces.

Tengo una historia sobre mí misma:

Siempre he vivido con depresión y ansiedad, incluso cuando era pequeña y no se hablaba sobre «depresión infantil». Se decía que yo estaba «triste con frecuencia» y que era «demasiado sensible». A fines de la década de los 90, mi amigo Charlie me recomendó leer *El demonio de la depresión*, la encumbrada obra del genio de Andrew Solomon, un libro brillante sobre el tema. Me di cuenta de que no era, de hecho, «demasiado sensible»: estaba deprimida y siempre lo había estado. Salí pitando a buscar un terapeuta y medicación, y desde entonces la vida ha sido mejor: no es perfecta, pero, sin duda, es menos angustiante.

Así que ese es el fondo de la cuestión.

Ahora bien, resulta que siempre he tenido pechos densos (inserte aquí su broma). Después de casi todas las mamografías que me he hecho, me han pedido hacer un seguimiento, ya sea con una segunda mamografía o con una ecografía. La primera vez que me solicitaron hacer una ecografía, obtuve una cita para dentro de dos semanas. La acepté y lo saqué de mi mente de inmediato.

Al mencionarlo mientras almorzaba con una amiga que se inquieta con facilidad, sus ojos se agrandaron. «¿No te preocupa? ¡Si yo fuera tú, no podría dormir!». Dije que no; que me negaba a preocuparme por algo que aún no había sucedido. En efecto, la ecografía salió normal. Me alegré mucho de no haber gastado ni un ápice de mi valiosa energía preocupándome por algo que no significaba nada.

Con los años, la rutina se repitió. Hasta que un día, a principios de 2020, en lugar de no ser nada, el médico pensó que podría ser algo y quiso hacer una biopsia. Me miró a los ojos[50] y dijo: «Vemos algo, pero no estamos seguros de qué es. Y como es así, quiero hacer una biopsia». Respiró. «Estoy seguro de que esto te resulta aterrador y estresante...».

Lo interrumpí. «Esto no me resulta ni aterrador ni estresante, porque estoy 99 por ciento segura de que no es nada. Y si acaba siendo algo, lo resolveremos en ese momento». «Ah», dijo, un poco sorprendido, pero sonriendo: «Es una buena actitud». Me reí y respondí: «Bueno, algunas veces, haber pasado décadas trabajando en tu desarrollo personal puede ser útil».

Resulta que era algo. Estaba tocada por el cáncer.

Se trataba de un tumor muy común, pequeño y de crecimiento lento; «indolente» fue la palabra que utilizó el cirujano oncológico, y me hizo gracia tener un cáncer perezoso. Fue removido en una cirugía ambulatoria, y luego tuve que hacer tratamiento de rayos dos veces al día durante cinco días. Por fortuna, tenía un seguro médico gracias al presidente Obama, y vivía cerca de Santa Bárbara, California, donde se encontraba un centro de tratamiento contra el cáncer muy importante, nuevo y de primera línea.[51]

Para ser sincera, aunque no puedo decir que me haya gustado la experiencia, no me afectó demasiado, y no le conté a mucha gente lo que estaba ocurriendo. De hecho, hasta olvidé decírselo a mi madre.

Diez semanas después, sufrí una fractura por fatiga justo encima del tobillo. Tardó en sanar, y después de andar

---

50. ¿Les han enseñado a los médicos la importancia del contacto visual en los últimos años? Siento que, en general, quienes brindan atención médica son mucho más sensibles que antes, y sus habilidades comunicativas en verdad han mejorado. O quizás solo he tenido suerte. Sea como sea: ¡bien hecho, médicos!

51. Pista: si vas a enfermarte, hazlo donde viven los ricos.

cojeando cerca de un mes, al final me colocaron un gran yeso otras seis semanas. Para ser franca, todavía duele.

Seis semanas después, uno de mis amigos más cercanos, un ser querido y maravilloso, murió de cáncer. Todavía estoy haciendo el duelo. Todos lo estamos. Un mes más tarde, el cáncer de pulmón de mi padre, que había estado en remisión, regresó. Con el visto bueno de los médicos de la Administración de Salud de Veteranos (que Dios la bendiga), decidió que no quería continuar con un tratamiento adicional. Insinuaron que le quedaban unos pocos meses. Nos pusimos manos a la obra para mudarlo a la ciudad donde vivía mi hermana y ayudarlo a prepararse para los últimos días de su vida. Luego, mi gato se enfermó gravemente (lo cual fue muy caro) y murió. Todo esto me destruyó.

Después tuve que mudarme del edificio en el que había vivido durante los últimos diez años y al cual amaba con todo mi ser. Aunque era pequeño y anticuado, tenía una total adoración por su vieja fórmica turquesa y la sencilla alacena de la cocina, al estilo de los años 50. Además, estaba frente a un estuario, por lo que siempre podías observar garzas, garcetas y hasta un tipo local de correcaminos. Veía la puesta de sol sobre las montañas desde mi escritorio y podía caminar descalza hasta la playa más perfecta para pasear y nadar, lo cual hacía casi todos los días, sin importar el clima. En serio: era el mejor piso del mundo. En cualquier caso, se vendió y, gracias a un vacío legal en el código de la ciudad, el nuevo propietario pudo echarnos a Luke y a mí, y arrendar el apartamento a corto plazo. Estaba destruida y furiosa. Escribí cartas al alcalde, al vicealcalde y al consejo de la ciudad, además de contactar a cuatro abogados diferentes... todos me sugirieron que empezara a hacer las maletas.

Intentamos comprar una casa, pero todas estaban lejos de lo que podíamos pagar.[52] Hasta el alquiler estaba por las nubes.

¿Ya mencioné que todo esto ocurrió durante el confinamiento por COVID-19? Sí; el COVID-19 comenzó justo uno o dos meses antes de mi diagnóstico de cáncer de mama. Así que eso también estaba pasando.

Nos apresuramos a encontrar un nuevo lugar donde vivir y luego luchamos para afrontar su altísimo alquiler. Me sentía agradecida de que mi pequeño negocio pudiera soportar todos estos golpes financieros y de que mi trabajo fuera lo bastante flexible como para lidiar con estos cambios e incertidumbres con cierta facilidad.

Luego, a pesar de tener dos vacunas, el refuerzo, usar mascarilla, estar en una «burbuja» y ser bastante cautelosa en todos los aspectos, me contagié y no mejoré nunca (Lo séééé. Respira. Vamos a superarlo). Se estima que entre el 5 y el 10 por ciento de las personas que enferman de COVID-19 desarrollan lo que comúnmente se conoce como COVID-19 prolongado.

Quiero tomarme un momento para contar un poco más sobre esta condición, porque ha dominado gran parte de mi vida desde enero de 2021, y existe una buena posibilidad de que alguien que conozcas también lo padezca.

El COVID-19 prolongado es, en el momento en el que escribo esto, un misterio médico para el que no se conoce cura. En realidad, se trata de un conjunto de síndromes y síntomas que se superponen y se manifiesta de distintas maneras en cada persona. Esto significa que hay quienes no saben que lo tienen, y que algunos médicos ni siquiera están convencidos de que sea real.

---

52. Esta viene a ser la desventaja de vivir donde lo hacen los ricos.

Déjame asegurarte que es algo muy muy pero muy real. Los principales síntomas conocidos son:

ansiedad
niebla cerebral
dolor en el pecho
tos crónica
dolor crónico
depresión
fatiga extrema
problemas gastrointestinales
palpitaciones
dolor en las articulaciones
pérdida del gusto y/o del olfato
pérdida del deseo sexual
encefalomielitis miálgica o síndrome de fatiga crónica: otro síndrome complicado, poco estudiado y difícil de diagnosticar, que se define sobre todo por la fatiga extrema y un sueño no reparador, pero que también afecta a otros sistemas del cuerpo
migrañas
malestar postesfuerzo: un término encantador, ¿verdad? Debería venir con su propio diván de terciopelo color verde botella. Ocurre cuando, después de hacer algo de esfuerzo o ejercicio, te desplomas por completo. Si levanto una caja pesada, estaré en cama uno o dos días. Las investigaciones más recientes que he visto indican que parece haber algún tipo de disfunción en las mitocondrias, por lo que, en lugar de que el ejercicio rompa tus músculos para luego repararlos (el modo en que te fortaleces), el malestar postesfuerzo

hace que los músculos *solo* se rompan, lo cual te debilita. Más allá de lo que diga la ciencia, el hecho de que no pueda hacer nada de ejercicio y ni siquiera dar un buen paseo es un total castigo.

síndrome de taquicardia ortostática postural: es una disfunción del sistema nervioso autónomo. Por lo que entiendo, significa que cuando te pones de pie, tu sistema nervioso no da las señales para enviar sangre al corazón, los pulmones y el cerebro, de forma que te mareas, te sientes aturdido y tienes dificultad para respirar[53]

falta de aliento

sed

Esta es solo una lista parcial de los síntomas. El COVID-19 prolongado puede afectar casi todos los tejidos y órganos del cuerpo. Espero que para cuando leas esto, el COVID-19 prolongado sea cosa del pasado y todo esto parezca prácticamente arcaico, amable y fácil de solucionar. «¿Recuerdas cuando no teníamos cura para el COVID-19 prolongado? ¿Y ni siquiera una forma precisa de diagnosticarlo? Ja, ja, ja, ¡qué locura!».

Pero mientras tanto... si alguien alguna vez dice: «Oye, ¿te gustaría tener una enfermedad incurable y de largo plazo?», simplemente di que no. Incluso si te ofrecen algo estupendo a cambio.

Me resulta divertido pensar en cuando tenía la agenda siempre llena de trabajos y compromisos, y corría a audiciones, ensayos y espectáculos; recuerdo que pensaba que daría

53. También es un divertido trabalenguas o una buena forma de calentamiento vocal para quienes siempre están buscando cosas inusitadas para decir. Pruébalo: ¡*síndrome de taquicardia ortostática postural!* De nada.

casi cualquier cosa por pasar un día en la cama. Y ahora paso gran parte de mi tiempo en la cama y fantaseo sobre hacer recados, visitar a amigos o pasear. Siempre es más verde al otro lado, ¿verdad?

Estas diez cosas hacen que mi vida no sea tan mala como podría ser:

1. Tengo la extrema fortuna de que mi familia y amigos sean amorosos, confiables y me adoren, incluso cuando soy un desastre descoyuntado.
2. Trabajo desde casa y soy mi propia jefa, así que puedo ajustar mi horario de acuerdo con mis necesidades.
3. A los gatos les encanta que por fin haya entendido el concepto de «dormir de 12 a 14 horas al día».
4. Terminé mudándome a Connecticut para estar cerca de mi hermana y su familia. Encontré una casa maravillosa construida en 1958 de estilo rancho y sin escaleras (me matan). Vivir aquí significa que puedo disfrutar de todo el lugar, incluido el patio de atrás, donde el canto de los pájaros es tan estimulante; es como vivir dentro de un CD de meditación.
5. Puede que me sienta mal, pero no tengo ningún dolor real. Es una bendición incalculable.
6. Una parte de mis ingresos es «pasiva», proveniente de regalías de televisión y libros, así que, aunque mi capacidad de ganar dinero haya disminuido un poco, aún puedo pagar las cuentas.
7. Puedo escribir desde la cama. Lo estoy haciendo ahora. ¿Ves?
8. Uno de los beneficios de los que se habla poco de no ser miembro del Club de la Infancia Feliz es que tengo una capacidad asombrosa para compartimentar. Puedo ignorar cualquier tipo de dolor físico, psíquico

y emocional cuando es necesario. Además, tengo una tolerancia muy alta al malestar y soy obstinada como pocas. Así que cuando necesito aguantar y seguir adelante, lo hago.

9. Tres palabras: comprar en línea.
10. Mi experiencia en el teatro me enseñó algo llamado «la energía de la función», lo cual significa que cuando llega el momento de dar una clase en línea o una conferencia virtual, o si tengo un bolo de consultoría, puedo poner una sonrisa verosímil y actuar como una persona perfectamente sana. Podría haber comadrejas royéndome las rodillas debajo de mi escritorio, y aun así ofrecería un espectáculo increíble. No importa cuán exhausta o enferma esté; si es hora de trabajar, puedo prepararme, presentarme y dar el cien por cien. Después las comadrejas y yo volvemos a la cama y nos desplomamos.

Te cuento esto para decirte que, aunque ha sido un lapso de dos años lleno de pérdidas, sufrimiento, cirugías, dolor, duelos, desplazamiento, desamor y enfermedades crónicas, no soy infeliz.

Mis oraciones de gratitud son tan sinceras como siempre. No como si fuera una comedia musical. No estoy edulcorando nada, ni pretendo que las cosas sean mejores de lo que son. Mi agradecimiento es genuino. ¿Por qué? Porque me dispongo a enfocarme en lo que puedo controlar. Es mi actitud. Mi práctica de oración y meditación. Mis relaciones.

Ten en cuenta estos pequeños consejos:

- Si te centras en las circunstancias que exceden tu control, siempre serás infeliz.

- Aprende a ser lo más realista posible al evaluar tu grado de dolor o enfermedad, pero no dejes que tenga un sentido.
- No exageres ni minimices (excepto por efecto cómico ☺).
- Ir a ese examen, esa prueba, ese chequeo anual es un verdadero acto de valentía. Por favor, deja de sabotearte. Sé que es horrible, un sistema espantoso y es probable que tampoco te ayuden demasiado, pero aun así: ve. ¿Vale?

El experimento de 15 minutos

Respira profundamente y ve a esa cita con el médido o el terapeuta que has estado posponiendo. Luego, date una recompensa con algo que te encante.

Qué pasaría si...

¿Qué pasaría si recordaras que puedes hacer cosas difíciles?

38. Microbendiciones

Soñamos con grandes cosas, cosas que pensamos que nos traerán felicidad: una casa nueva, un barco, unas largas vacaciones... Pero me he dado cuenta de que son las pequeñas cosas las que te alegran la vida. Enfrentémoslo, las pequeñas cosas son más fáciles de conseguir que las grandes.

Me gusta pensar en los breves destellos diarios de alegría como «microbendiciones».

Las microbendiciones son las pequeñas cosas que mejoran tu estado de ánimo, restauran tu espíritu y te generan esa sonrisa enorme que te llega hasta las arrugas de la esquina de los ojos.

Algunas microbendiciones son gratuitas, otras cuestan dinero. Algunas son fugaces, mientras que otras duran un poco más. Esta es mi lista, pero por favor, haz la tuya, ¿vale?

Ropa interior buena
Conectar con un amigo con el que puedes ser vulnerable
Un buen boli (me muero por los bolis)
Pan con mantequilla
Peonías
Encontrar veinte dólares escondidos en un bolsillo
Una cama recién hecha con sábanas de algodón limpias y bonitas
Una guitarra bien afinada

El canto de los pájaros
Zapatos cómodos
El color del cielo justo antes del amanecer
Todos los perros
Un paño fresco cuando tienes fiebre
Una compresa caliente cuando estás herido
Geranios
Crema con manteca de karité para la piel seca
Halagos inesperados
Un baño
Recordar todas las letras de una canción que escuchabas de pequeño en un programa de televisión
El cariño de un amigo animal
Una canción favorita en la radio
Un charco que refleja una nube
Nadar
Un limón
Toallas limpias
Hacer caras graciosas con bebés y niños pequeños en la fila del supermercado
Colibríes
Coqueteo sano
El primer estiramiento del día
Flores de la pradera
Una taza de té con leche y una cantidad ligeramente inapropiada de azúcar

El experimento de 15 minutos

Empieza tu propia lista de microbendiciones favoritas hoy mismo, y fíjate en cuántas más puedes encontrar en los próximos días. Piensa en ello como una «práctica de gratitud» muy práctica. Recompénsate con una de ellas cuando hagas algo difícil. Pregunta a amigos y colegas por las suyas. Haz el ejercicio de recordar las de otra persona y hacer una para o con ellos.

Qué pasaría si...

¿Qué pasaría si encontraras una profunda alegría en las cosas más simples?

39. Interludio: suelta

suelta suelta suelta
suelta lo que vienes reteniendo
suelta la idea de que estás confundido
suelta la idea de que tienes algo indeseable o innecesario

suéltalo
déjalo
suelta la carga
deja la pena
deja la soledad
deja la cabezonería

siéntate al costado del camino
apoya la carga junto a ti
como un gato que se recuesta
no hagas nada
no te apresures
no lo pienses
siente tus latidos
siente el aire entrando y saliendo
siente lo que te sostiene en este preciso momento

no hay nada que necesites que no tengas en este preciso momento
no hay nada que te resulte imposible

no hagas nada
no te apresures
deja de pensar
simplemente sé...

quédate a un lado del camino
deja tu carga

puedes recogerla luego
por ahora déjala

deja tu identidad
deja el deseo de agradar
deja la necesidad frenética de tener aprobación
deja la idea de que en todas partes existe una falta, una ausencia, una escasez

siente tus latidos
siente tu respiración
siente el aire sobre tu piel
siente la gravedad

deja de luchar

te amamos y estás haciendo un gran trabajo
deja que tus manos cuelguen
quédate, no deambules
quédate, no apresures las respuestas
quédate en este instante
quédate en el desconocimiento

siente el perdón de no saber
es como una lluvia que llega y lava el polvo que llevas encima

estás abrigado y seguro
eres necesario y amado
eres integral y perfectamente completo
no tienes nada de malo

y tu ego dará batalla
puedes verlo teniendo una rabieta
dices «te amo, ego, eres amado y lo estás haciendo bien»

entonces no reunimos juntos en círculo
nos sentamos al costado del camino
con nuestras cargas, historias y excusas
los mismos cincuenta y siete pensamientos negativos
que venimos pensando desde los doce años
ahora los ponemos a un lado

buscas transformación
estás en el lugar para la transformación
buscas una nueva vida
estás en el lugar para la nueva vida
puedes relajarte
lo has logrado
felicidades, lo encontraste
puedes permanecer así

este es el mundo real
este es el mundo real

• • •

Para ver un vídeo de este poema improvisado y descargarte una copia, puedes visitar 15MinuteMethod.com/bonus.

40. Ensayar la calma

Sabemos que sentirse agobiado no es un problema externo, porque sabemos que hay quienes trabajan en condiciones estresantes de forma crónica. Ahí están (en una situación de crisis constante) y, sin embargo, se mantienen tranquilos, serenos y competentes.

Personal de emergencias. Rescatistas de animales. Servicios de primera línea. Bomberos. Empleados de aerolíneas en la puerta de embarque al cancelarse un vuelo. Personas que limpian casas de acumuladores. Personas en zonas de guerra.

Piensa en la imagen de alguno de esos trabajadores. ¿Qué ves?

Los ves moviéndose a un ritmo constante, siendo respetuosos con los demás. No gritan ni pierden el control. Tienen un proceso y lo siguen. No se dejan llevar por tus emociones. Hacen todo lo posible por mejorar la situación, sabiendo que quizás no sea posible.

Son plenamente conscientes de que la muerte, la tragedia y la desgracia son hechos cotidianos. Y no es que sean insensibles (todo lo contrario), pero mantienen su atención en lo que pueden hacer en ese momento para ayudar. No exageran. No generalizan. No culpan a los demás. Lo más impresionante es que a menudo tienen un excelente sentido del humor.

Dios bendiga a esas personas por mostrarnos cómo estar presentes, ser compasivos y centrados. Cómo trabajar al máximo de nuestras capacidades, incluso cuando el mundo se derrumba a nuestro alrededor.

En ocasiones, ser útil de verdad significa decir «No» o «Espera tu turno».

Por eso los llamamos «héroes»; porque demuestran liderazgo cuando el resto estamos rotos e indefensos.

¿Cómo lo hacen? Pues, para empezar, conocen su oficio. Son expertos. Practican una y otra vez. Los bomberos realizan simulacros. Las azafatas repiten las reglas sobre las salidas de emergencia una y otra vez para entrenarnos *a nosotros* sobre cómo comportarnos. No es que piensen que no lo hemos oído antes. Es que saben que, en caso de emergencia, los humanos no ascienden a un nivel nuevo de superioridad, sino que regresan a su nivel de preparación.

Por eso los artistas ensayan. Y, por desgracia, por eso las escuelas tienen simulacros de tiradores activos.

Con mucha frecuencia, te dejas llevar a un estado de agobio imaginando el peor resultado posible. Tú, que tropiezas con las palabras durante la presentación. Tú, que vistes un atuendo ridículo en la fiesta elegante. Tú, solo, abandonado y arruinado porque dijiste lo que pensabas.

En esa dinámica no estás usando tus poderes imaginativos para bien.

¿Por qué no ensayar la excelencia? ¿Por qué no ensayar la calma? ¿Por qué no practicar mantenerte abierto, escuchar y ser amable ante la crítica?

El experimento de 15 minutos

Piensa en una circunstancia que te estrese. ¿Hacer una presentación en una reunión o tener que dar un discurso? ¿Volar? ¿Qué te ladre un perro grande?

Haz un garabato de 90 segundos sobre cómo te hace sentir esa circunstancia. Como siempre, siéntete libre de usar solo colores, formas y monigotes: solo tratas de expresar el sentimiento para poder entenderlo mejor. Luego, haz otro garabato de 90 segundos sobre cómo te gustaría que te hiciera sentir.

Deja que estos dos dibujos sustenten tu decisión de actuar rápido y de un modo fácilmente asequible para construir una mayor confianza y calma durante esa circunstancia de estrés. Tal vez puedas mirar una charla TED sobre hablar en público o pasar 15 minutos con los perros del parque. Da ese paso hoy, y si funciona: ¡sigue adelante!

Qué pasaría si...

¿Qué pasaría si tuvieras en cuenta que has hecho cosas imposibles antes? ¿No es cierto?

41. Mantener la calma durante un ataque

Hace muchos años, organicé un gran evento de tres días que se centraba en ayudar a personas creativas a convertirse en emprendedores exitosos. Creé una programación que era una hermosa combinación de entrenamiento práctico y un trabajo interior cuidadoso. Recibimos a más de cien personas que llegaron volando desde todas partes de los Estados Unidos y el mundo;[54] fue maravilloso y emocionante.

Pero había dos manzanas podridas en el cesto: dos amigas que se encargaron de señalar todo lo que no les gustaba. Se quejaban y protestaban sin cesar. Señalaban cada aspecto con el que no estaban de acuerdo. Aunque mi equipo y yo siempre agradezcamos los consejos con buenas intenciones e incluso las duras críticas, era evidente que, junto con su mala actitud, estas dos estaban desequilibrando todo el evento.

La mañana del segundo día, una de ellas (llamémosla Debbie) se acercó al micrófono y empezó a destrozarme por

---

54. ¡Perú! ¡Israel! ¡Nueva Zelanda! Para una chica que jamás tuvo éxito con una fiesta de cumpleaños cuando era pequeña, fue emocionante dar la bienvenida a estos visitantes.

algo que había sucedido el día anterior.[55] Yo dije algo como: «Sí, está bien. Te escucho. Lo entiendo. Gracias por compartirlo. Es hora de seguir adelante». Recuerdo cómo la sangre le subía al rostro mientras persistía en atacarme, entonces comencé a bajar el ritmo de mi respiración. A medida que el tono sarcástico y despectivo se intensificaba, sentí que mis pies se arraigaban con más firmeza en el suelo. Mantuve contacto visual con ella. Recuerdo que levanté un brazo y corrí un poco el otro hacia atrás, casi como si estuviera a punto de abrazarla, para dirigir su energía exclusivamente hacia mí: no quería que nadie más sintiera el efecto de su veneno. El líder de mi equipo dijo que, desde el fondo de la habitación, yo parecía Artemisa, tensando su arco (¿no es una gran imagen?).

No me expliqué, ni me disculpé. Dije que podía entender que tuviera una reacción fuerte sobre lo que había sucedido, y que aunque me encantaría conversar en privado con ella, no continuaríamos el diálogo en ese momento.

Poco después de este intercambio, llegó el momento de la pausa, y aunque suelo ir tras bambalinas para descansar y juntar energía para la próxima presentación, sabía que esta vez era importante quedarme allí. Mientras caminaba alrededor de las mesas, me conmovió mucho la cantidad de participantes que contaban cuán en desacuerdo estaban con Debbie, y lo grosera y equivocada que la encontraban. Aprecié su respaldo, y se volvía a comprobar el viejo proverbio de que nada une más a un grupo de personas que el odio en común. De hecho,

55. Esta historia se volverá aún más extraña cuando te cuente que se había enojado porque yo había ofrecido la oportunidad de donar dinero para ayudar a construir escuelas en África subsahariana. Ella dijo que la presentación la había «desconcertado». Estaba indignada porque sentía que las duras condiciones que la organización benéfica en cuestión informaba «no eran el África real». Pensaba que era «irresponsable» por mi parte pedir donaciones a las personas en la sala. Recaudamos más de quince mil dólares.

Debbie me había hecho un favor con su diatriba: todos los demás saltaron en mi defensa. Bendito sea su corazón.

Esta es la parte más importante: mientras circulaba, mientras reconfortaba y me reconfortaban, una mujer de unos treinta años se me acercó con lágrimas en los ojos. «Aquello fue increíble», dijo. «He vivido toda la vida con terror a ser criticada; y verte allí, tan tranquila y amable frente a tal... Nunca lo había visto antes. Esto lo cambia todo». En ese momento se detuvo, mientras las lágrimas caían por sus mejillas. Le di un gran abrazo y pensé: «Bueno; si tuve que lidiar con cierto malestar para que esta mujer aprendiera que es posible ser criticada sin derrumbarse, entonces mereció la pena».

¿Cómo conseguí mantener la calma mientras estaba bajo ataque? Varios miles de horas de experiencia en el escenario implican que me siento más segura allí. Varios miles de horas de experiencia en la enseñanza también ayudaron.

Además sé que trabajar en profundidad con la gente en ocasiones puede generar sentimientos fuertes; y que si alguien no tiene la madurez emocional para manejarlo, puede desquitarse para liberar algo de la presión interna.

Al final, yo era muy consciente de que, como anfitriona y líder del evento, era la «mamá». Marcaba el tono para todos, por lo que era imprescindible dar el ejemplo con un buen comportamiento. La presión del liderazgo me hizo «frenar» y anteponer el bienestar general sobre mis propios sentimientos.

Un consejo útil: a veces, cuando las personas se alteran emocionalmente, pero fueron criadas en un entorno en el que no se les permitía expresar sus sentimientos, se quejarán de otras cosas. El aire acondicionado está muy alto. La silla es muy dura. El café está muy amargo. Expresan su incomodidad como un problema físico, en lugar de uno emocional. Por eso he visto a líderes inteligentes y vendedores astutos ofrecer mantas, jarras de agua en cada mesa, refrigerios frecuentes y otras comodidades.

Durante esa pausa, mi equipo informó a Debbie y a su amiga que, dado que era obvio que el evento no era adecuado para ellas, les reembolsaríamos de buena gana el precio de su entrada, invitándolas cordialmente a irse. Lo hicieron sin más drama.

Esa noche lloré. Mucho. Y luego me levanté al día siguiente y me presenté con una sonrisa. Resultó ser uno de los eventos más exitosos y rentables que he tenido.

El experimento de 15 minutos

Reflexiona sobre cómo respondes a las críticas y cómo te comportas cuando alguien más se equivoca. ¿Puedes imaginarte simplemente aceptando lo que se dice sin defenderte ni contraatacar? ¿Podrías dejar que alguien se equivoque sin corregirlo, incluso si se trata de ti? Piensa que puedes ser receptivo sin ser reactivo. En otras palabras, puedes inhalar y responderles sin sentirte víctima ni mostrar tus emociones exacerbadas. Practica invocar esta calma cada vez que sientas estrés.

Por otro lado, si tiendes a cerrarte frente al conflicto o el desacuerdo, quizás quieras practicar una inhalación profunda antes de decir tu verdad.

Qué pasaría si...

¿Qué pasaría si fingieras ser un miembro de la familia real y siguieras la máxima de «nunca te quejes y nunca te justifiques»?

42. Asómbrate. Asómbrate mucho

Es posible que, después de implementar el método de los 15 minutos, adviertas (con sorpresa) que otras personas también han comenzado a cambiar.

El misterioso poder de cambiar tus patrones

El jefe intratable se ha vuelto más flexible.

El asistente perfeccionista ha desarrollado su sentido del humor.

Y hasta la familia parece estar más relajada y divirtiéndose más.

Cuando cambias tu manera de ser, das a los demás el espacio para cambiar la suya.

Y cuando te concentras en aquello sobre lo que tienes control (en lugar de en las cosas sobre las que no tienes ningún control, como las otras personas), tiendes a estar más tranquilo. Además, eres menos conflictivo, victimista y tampoco le buscas los tres pies al gato, lo cual también genera que los demás sean más agradables.

Has creado lo que llamamos un «círculo virtuoso», que es lo opuesto a un círculo vicioso. Empiezas a enfocarte en lo bueno de tu vida y, de pronto, percibes que hay más cosas buenas, lo que te da más calma y alegría, lo cual, a su vez, hace que otras personas tengan más calma y alegría, lo cual crea más cosas buenas en tu vida.

Evitar la atractiva recaída y la seducción de los antiguos patrones

Es posible que no sepas que, en términos neurológicos, al crear un nuevo hábito lo sobrescribes sobre el viejo. Esto significa que el patrón neuronal del viejo hábito todavía está ahí. Entonces, si dejas de ejercitar el nuevo hábito, ¿qué sucede? Caerás directo en el viejo. Gana la primera programación. Esta es la razón por la cual los dietistas crónicos y los ganadores de lotería con frecuencia terminan donde empezaron: a pesar de las nuevas circunstancias, no logran reemplazar de forma permanente los hábitos que generaron el problema original.

Así que, si algo de lo que has empezado a hacer te está funcionando, por favor, sigue haciéndolo. Quizás consigas un compañero sobre el que respaldarte. Durante años, la única razón por la que hacía ejercicio con regularidad era porque me encontraba con una amiga y no quería decepcionarla. La responsabilidad social es una excelente herramienta. Piénsalo como una presión de grupo positiva.

Nuevos desafíos (también conocido como «nueva etapa, nuevos duelos»)

Advierte en que has creado un nuevo mundo para ti. ¿Adivina qué viene con él? Nuevos problemas.

Los nuevos problemas siempre parecen peores que los viejos, porque no conocemos su tamaño, forma o duración. Un problema desconocido es, de hecho, una gran bendición, pero se necesita una madurez espiritual importante para reconocerlo como tal.

Por ejemplo, has trabajado duro en tu emprendimiento y estás preparado para convertirlo en un trabajo a tiempo completo. Pero cuando el problema antes era «¿De dónde saco tiempo para mi emprendimiento?», ahora es «Soy mi propio jefe, entonces ¿cómo estructuro mi tiempo?». Puedes encontrarte con el problema de contratar y capacitar a miembros del equipo, lidiar con el crecimiento y mantenerte mientras te subes a la montaña rusa del emprendimiento. Tener estos problemas es excelente, pero resultan más aterradores que los viejos y te desafían de una manera nueva.

¡Felicidades! ¡Tus nuevos miedos son una gran señal de crecimiento! ¡Hurra!

El experimento de 15 minutos

Dedica algo de tiempo a responder estas preguntas:

1. ¿Cómo ha cambiado tu vida en el último tiempo?
2. ¿Con qué nuevos problemas te has enfrentado?
3. ¿Hacia dónde te llama el crecimiento?
4. ¿Puedes sentir algo de orgullo y fascinación por los nuevos problemas?
5. ¿Hay alguna canción que quieras empezar a tocar para recordarte tu increíble capacidad?

Qué pasaría si...

¿Qué pasaría si entraras en cada habitación con una gran banda sonora y muchos aplausos? (Adelante, pon esa música de «entrada», ¿sí?).

43. Sabiduría, coraje, justicia y moderación (según mi traducción)

En ocasiones, la gente acude a mí, preocupada, porque no saben cuál es el propósito de su vida. Me preguntan sobre cómo encontrar un propósito.

Yo les digo:

El propósito de tu vida es vivirla.

El propósito de tu vida es vivirla en la medida en que seas capaz.

Convertirse en la mejor versión de uno mismo es optativo, pero es aceptable.

Entonces, no hay nada especial que necesites hacer para cumplir con el propósito de tu vida, excepto mantenerte abierto a vivir todas las cosas que la vida te ofrece, incluidas las dificultades, los desamores y las penas.

Y también puedes vivir cosas buenas, ¿verdad? Sanación, amor y momentos sagrados.

Todo es real y todo es igual de valioso. Las cosas buenas no son mejores que las malas. De hecho, si le preguntaras a un estoico, te dirían que estas tal vez no sean ni buenas ni malas, sino más bien algo que aprender.

He desarrollado un amor duradero por la filosofía estoica, que, por desgracia, tiene el peor nombre posible. «Estoico» suena a insensible, y «filosofía», a aburrido. Pero los estoicos (piensa en griegos y romanos del siglo IV a. C. al siglo II d.C., como Epicteto, Séneca y Marco Aurelio) crearon lo que, al menos para mí, constituyen las reglas más sensatas que he encontrado para la vida.

Este es un intento completamente *amateur* por compartir algunos aspectos destacados de los estoicos, que presentan sus valores de sabiduría, coraje y justicia.

Sabiduría

Llevar el aprendizaje a lo real: no solo leer, sino probar cosas nuevas e implementarlas.

Aprender de forma continua: ser un aprendiz de por vida.

Mantenerse humilde ante lo que no sabes; en especial, cuando se trata de la experiencia de otra persona.

Mantenerse humilde ante el misterio de la vida.

Saber qué necesita hacerse y qué no. Este es un ejercicio increíblemente valioso en sí mismo.

Asumir siempre buena voluntad, pero además tomarse el tiempo de reflexionar sobre tus propias motivaciones, así como las de los demás.

Saber quién eres.

Coraje

Ser fuerte de corazón. El coraje no se trata de la valentía física; sino de la valentía interior: la capacidad de ser honesto contigo mismo y con los demás, incluso cuando la verdad no te favorezca; la capacidad de compartir, de abrazar, de tener una compasión irracional. Esta es la fuerza que importa, y se puede practicar sin importar la edad, las circunstancias o la condición.

Estar dispuesto a decir la verdad, sin importar las consecuencias.

Ser consciente de la muerte, sin miedo ni arrepentimiento; pero sin dejar que decida todo. Lo llaman «*memento mori*», y me resulta muy motivador este recordatorio diario de que nuestro tiempo aquí es finito.

Hacerse el hábito de dominar el miedo.

Practicar la generosidad.

Justicia

Todas las personas son creadas iguales, así que trátalas de esa manera. Eso significa todos.

Todas las personas (y, según creo, los animales) merecen respeto, así que dáselo.

Todos tienen una parte de la verdad, así que escúchalos.

Todos tienen una parte de lo divino, así que venéralos.

Evitar la ira, la venganza, los celos y otras emociones tóxicas y adictivas.[56]

Moderación

No exageres ni minimices, excepto por efecto cómico.

Ten respeto por las sustancias fuertes, las personas fuertes y otras cosas que podrían abrumar tu juicio.

Ten respeto por la influencia limitada que tienes sobre los demás. Eres solo un actor secundario en la vida de los demás.

Da un buen ejemplo.[57]

---

56. A veces me pregunto: ¿la gente solo está aburrida? ¿Por eso se comporta tan mal? Hay personas inteligentes viviendo en entornos poco estimulantes, en trabajos deshumanizantes, en casas feas. ¿Resulta extraño que se quejen y se vuelvan apáticas, furiosas y escépticas?

57. A quienes tenemos hermanos menores, a menudo nos dicen que «demos un buen ejemplo». Resulta que es un excelente consejo. Tendemos a imitarnos unos a otros. Así que si quieres que en la oficina todos sean puntuales, respetuosos, estén de buen humor y mantengan la calma, esa actitud debe empezar contigo. En especial si eres el jefe, pero incluso si no lo eres. Las emociones son contagiosas.

El experimento de 15 minutos

Dedica apenas 15 minutos a escribir tu propia filosofía de vida. Escribe con velocidad. No reflexiones demasiado. Siéntete libre de tomar ideas de otros, como hice yo arriba. Puedes pensar en ello como «Lecciones para los niños»: ¿qué te gustaría poder enseñar a los jóvenes del mundo? Para obtener puntos extra, compártelo con alguien a quien quieras y respetes.

Qué pasaría si...

¿Qué pasaría si te abstuvieras de complicar las cosas de más?

44. Afirmaciones para bajar el tono

La única manera de cambiar tu comportamiento es cambiando tu forma de pensar. Debido a que amamos los hábitos, la única manera de cambiar la forma de pensar es reemplazar de forma intencional los antiguos pensamientos autodestructivos por unos mejores.

Al mundo del desarrollo personal le encantan las «afirmaciones», porque son rápidas y fáciles de crear, y, si se hacen del modo correcto, realmente pueden ayudarte a cambiar.

Las afirmaciones no son conjuros mágicos. Si lo fueran, todos los que tienen un *post-it* en su espejo serían millonarios. Pero son una forma provechosa de llevar algo de poesía y autoconciencia a lo que, de otro modo, podría ser un rosario diario de críticas a uno mismo y creencias restrictivas.

Aquí encontrarás algunas que me gustan bastante, y para qué momentos me resultan útiles:

Ahora soy así.

Para cuando me siento crítica acerca de mi edad, mi cuerpo o mi apariencia.

El camino me ha llevado hasta aquí.

Para cuando siento que aún no soy lo bastante exitosa.

No he llegado tan lejos para quedarme atrás ahora.

Para cuando me siento desanimada.

La luna es mi madre. ¡Hola, ma!

Para cuando me siento sola o abandonada.

Este problema está fuera de mi control, así que se lo entrego a la divinidad.

Cuando necesito recordar los límites y la debilidad de mis poderes.

Me niego a preocuparme; rezo.

Cuando necesito canalizar mi preocupación por otra persona o situación hacia una curación energética proactiva.

La inteligencia divina me dice todo lo que tengo que saber.

Cuando estoy ansiosa por cómo sucederá algo. Esta frase me recuerda que, cuando necesite saber más, se me revelará.

Sabré lo que tengo que saber cuando lo tenga que saber.

Igual que la anterior.

El amor divino fluye a través de mí, yo soy su expresión.

Para cuando necesito recordar que soy las manos y los pies de Dios.

La inteligencia divina fluye a través de mí, yo soy su expresión.

Igual que la anterior.

Los milagros ocurren a diario.

Cuando necesito recordar que solo porque algo sea improbable no significa que sea imposible.

Sabiendo lo que sé ahora, habría actuado de manera diferente.

Cuando necesito perdonarme.

Soy una partícula en una partícula en una partícula, y estoy aquí solo un momento. Vamos a disfrutarlo.

Cuando mi ego empieza a inflarse, me parece reconfortante acordarme de mi insignificancia.

Este planeta le pertenece al mar.

Me gusta recordar que este planeta es mayormente agua, y que la mayoría de las criaturas acuáticas no tienen idea de que los humanos existimos, y les preocupa todavía menos nuestra pomposidad y nuestras inquietudes. Me gusta pensar mi vida desde el punto de vista de, por ejemplo, una ballena. De nuevo, encuentro profundamente reconfortante mi insignificancia y la honda indiferencia de la naturaleza hacia mí.

Todo es pasajero.

Porque lo es.

El experimento de 15 minutos

Diviértete creando algunas afirmaciones propias. Siéntete libre de pensar unas graciosas, otras irrespetuosas y otras atrevidas, pero trata de que sean verdaderas. O, por lo menos, verdaderas para ti. Si encuentras una que te guste particularmente, podrías ponerla en una taza.[58]

Qué pasaría si...

¿Qué pasaría si la lluvia de meteoritos más reciente fuera un recordatorio de que estás hecho de material estelar?

---

58. Para que lo sepas, puedes conseguir mi taza «Todo es pasajero» y otros artículos divertidos en la tienda de mi sitio web: Shop.TheRealSamBennett.com.

45. Libros que no he escrito aún

Sigo amenazando con escribir algunos libros, pero no lo hago; en principio porque las ideas son tan simples que los libros solo tendrían unas pocas páginas.

Por otra parte, es probable que hubiera dicho lo mismo sobre la idea de «dedicar 15 minutos al día a algo que te importa», y mira en lo que se convirtió.

Estas son las sinopsis de los libros que no he escrito hasta ahora:

La solución 10 x 15

Esta la inventé junto con mi querido amigo Robert MacPhee, autor de *Living a values based life*, cuando ambos hablamos en una conferencia. Como de costumbre, yo tenía una pila alta de fichas y tomaba notas, garabateaba y, en ocasiones, le pasaba notas graciosas a Robert. Durante una pausa, comenzamos a ensalzar las maravillas de las fichas de 10 x 15 cm y lo increíblemente útiles que son. Por fin, uno de nosotros dijo: «Si estás tratando de hacer más en un día de lo que puedes escribir en una ficha de 10 x 15 cm, estás tratando de hacer demasiado».

¡BUM!

Así que era eso. Utiliza fichas de 10 x 15 cm para organizar la lista de tareas, cazar ideas, planificar las reformas del hogar, las tramas de libros o tus estrategias comerciales. Si la ficha comienza a llenarse en exceso, sabrás que tienes demasiadas ideas o pasos, y que es hora de comenzar una nueva.

He escrito todos mis libros con la ayuda de fichas. Son mi secreto del éxito en la escritura. Son perfectas para cazar ideas al vuelo, fáciles de llevar, apilar, reorganizar y tirar.

P. D.: si eres tan fan de las fichas como yo, y te sientes ofendido porque las que venden ahora en las papelerías son muy endebles, debes saber que puedes comprar fichas de «cartulina» o «superresistentes» en línea, para volver a vivir la alegría de las fichas de alta calidad.

Trátalos como si te gustaran

Este es mi libro de negocios. Aquí está el secreto de mi éxito, aunque jamás haya tenido ningún tipo de capacitación o experiencia como empresaria: trátalos como si te gustaran.

Trata a tus clientes (actuales, pasados y potenciales) como si te gustaran.

Trata a los miembros de tu equipo como si te gustaran.

Trátate a ti mismo como si te gustaras.

Trata a tus colegas como si te gustaran.

Trata a tus instructores, asesores y maestros como si te gustaran.

Trata al dinero como si te gustara.

Trata a tu negocio como si te gustara.

Sí. Eso es todo.

A la mierda con todo

Este libro es para cuando quieres gritar el título en voz alta. Tiene solo una página, con solo tres frases:

Bebe un poco de agua y duerme un rato, ¿vale?

Lo estás haciendo mejor de lo que piensas.

Eres amado.

El experimento de 15 minutos

Dedica 15 minutos a tomar algunas notas sobre qué libro te gustaría escribir. O qué títulos divertidos puedes inventar para tus libros. Pero ten cuidado: ¡podrías darte cuenta de lo fácil que es crear y publicar un libro digital breve, lo cual te convertiría en un autor publicado! #¡ayyy!

Qué pasaría si...

¿Qué pasaría si tus superpoderes secretos estuvieran en plena efervescencia?

46. El pronóstico de febrero

Has pasado del momento del aprendizaje al
momento de poner a prueba lo que sabes.
La luna alumbra el camino
desde tu vientre; hasta tu boca
para que digas las verdades que no dirías de otro modo.
Ya no puedes contener los latidos del deseo que habita en tu corazón.
Todos ven que eres competente, experto
(a excepción, quizás, de ti).
Es momento para una nueva relación con los antiguos valores.
Cariño, eres la autoridad.
Eres la gracia en persona.
La esperanza es real.
Puede que sientas las ansias de tomarlo como un ejercicio intelectual.
Pero, tesoro…
Estás en medio del trabajo de tu vida.
No es momento para la timidez.
Estás pidiendo ayuda a los demás.
No es momento de echarte atrás.
Abróchate el cinturón, corazón: el cambio es real.

El experimento de 15 minutos

Programa el cronómetro para que suene en 15 minutos y presiona «Inicio». Escribe una lista de las cosas que aprecias de ti mismo. Cualidades, habilidades, atributos; tal vez cosas que desearías que otras personas vieran y apreciaran más, o quizás cosas que solo tú sabes sobre ti. De ser necesario, sé redundante, pero sigue escribiendo hasta que el cronómetro dé la hora.

Qué pasaría si...

¿Qué pasaría si llegaras a la cima de la montaña? ¿Y celebraras, tomaras fotos y miraras hacia lejanos horizontes? Y luego… ¿siguieras caminando? Bienvenido a tu nueva aventura, amigo.

Agradecimientos

Muchas personas han influido en este libro (de modo abierto y encubierto, visible e invisible, consciente e inconsciente); nunca podría nombrarlas a todas, así que déjenme comenzar dándole las gracias a todos los clientes, estudiantes, colegas, lectores, colegas autores y amigos que me han inspirado, deleitado, animado y cuidado, tanto a mí como a mi trabajo, a lo largo de los años. No tienen ni idea de cuánto me importan cada reseña, adhesión y pulgar hacia arriba. Por favor, avisadme cuando pueda devolveros el favor.

Sin la orientación y el incansable apoyo de mi agente, Michele Martin, y el equipo de profesionales de New World Library (Georgia Hughes, Kristen Cashman, Kim Corbin y todas las otras personas inteligentes y cariñosas) este libro nunca hubiera sucedido. Estoy en deuda con vosotros.

Soy afortunada de tener un grupo de amigos que siempre me inspira a hacer y ser mejor. Un agradecimiento especial a mi Junta Personal de Genios: Amy Ahlers, Carol Allen, Melanie Benson, Rhonda Britten, Michael Dunn, Jeannie Esti, James Hallett, Jennifer Hardaway, Michael Kosik, Allison Lane, Sarah Laws, Melissa McFarlane, Stephanie Miller, Ed O'Neill, Andrea Owen, Jennifer Raim, Linda Sivertsen y el Grupo de Escritores Hermosos, Sarah Sullivan, Phil y Amanda Swann, Rick Tamlyn y Margaret Weber.

Gracias a mi familia: Gunnar Bennett; Beatrice Briggs; Andrea, Philip, Sasha y Foster Goetz; Laura y Will Ray; y todos los Briggs en la colmena.

Muchos docentes, escritores y oradores me han compartido su sabiduría con generosidad, y estoy infinitamente agradecida por su trabajo: Sam Christensen, Katie y Gay Hendricks, Sam Kaner, Byron Katie, Anne Lamott, Robert MacPhee, Clate Mask, Elisabeth Manning, Charlie y Annie McQuary, Alice Miller, Stephen Mitchell, David Neagle, Ben Saltzman, Marshall B. Rosenberg, PhD, William Thomas Jr., Leonore Tjia y Steph Tuss.

A quienes apoyan mi negocio día a día, os amo con locura: Lucie Balassone-Mosny, Veronica Guzzardi y Jeremy Yanofsky. Menciones honoríficas para Allie Beckman, MaryKay Morgan y TJ Slattery.

Un agradecimiento con amor doble-extra-especial para Ron West, Stephen Ramsey y Luke Hannington.

Si tu nombre debería estar en la lista y no está, he cometido un error y me disculpo, o quizás esté manteniendo tu identidad en secreto para protegerte de todos los fans que tienes, de los cuales soy una. Por supuesto.

Finalmente, a ti, lector: mi gratitud es tan inmensa como el mar; mi amor, tan hondo.[59]

---

59. Frase extraída de *La excelente y lamentable tragedia de Romeo y Julieta*, en la cual interpreté a la nodriza cuando tenía trece años, en una actuación escolar. Conectémonos en https://therealsambennett.com/15-minute-method-bonus/ para hablar más sobre esto y todo lo demás, ¿vale?

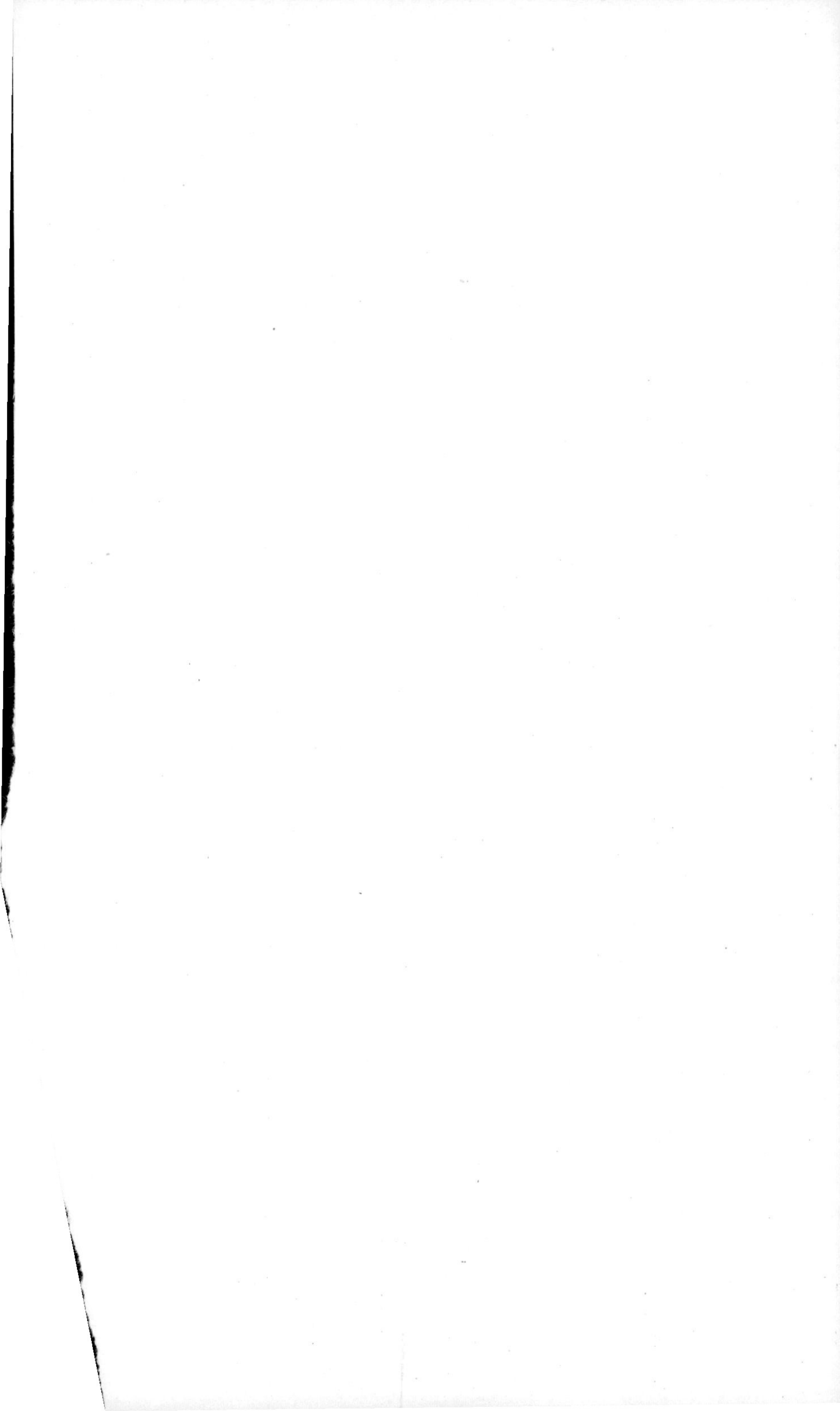